CYN OERI'R GWAED

ISLWYN FFOWC ELIS

Gyda Rhagair gan
T. J. MORGAN

Y Darluniau gan
J. G. WILLIAMS

Gwasg Gomer
1987

Argraffiad Cyntaf—Awst 1952
Nawfed Argraffiad—Ebrill 1996

ⓗ Islwyn Ffowc Elis ©

ISBN 0 86383 460 4

Dymuna'r cyhoeddwyr gydnabod cymorth a chyfarwyddyd Adrannau'r
Cyngor Llyfrau Cymraeg a noddir gan Gyngor Celfyddydau Cymru.

Argraffwyd gan J. D. Lewis a'i Feibion Cyf.
Gwasg Gomer, Llandysul

I
EIRLYS

Diolch

I Mr. T. J. Morgan, M.A., am adolygu iaith y gyfrol ac ysgrifennu cyflwyniad iddi; iddo ef a'i ddau gyd-feirniad, y Mri. D. J. Williams, M.A., a J. Gwilym Jones, B.A., am eu beirniadaeth galonogol ar fy ngwaith yn Eisteddfod Llanrwst; i'r arlunydd Mr. J. G. Williams (bu yntau'n fuddugol yn Eisteddfod Genedlaethol Llanrwst ar waith du-a-gwyn), am gyfieithu i ffurf yr hyn y ceisiais i ei gyfleu mewn geiriau; yn olaf, ond nid yn lleiaf, i Wasg Gomer am waith mor lân ac am fod mor nodedig o hynaws yn y dyddiau anodd hyn ar gyhoeddi.

Cynnwys

Rhagair

Ni wn yn iawn pa bethau y dylid eu traethu mewn
rhagair. Y mae gennyf ddigon o synnwyr yn fy mhen i
beidio â sgrifennu adolygiad cyn cyhoeddi'r llyfr: pe
gwnelwn hynny fe fyddai rhywun yn sicr o sgrifennu
rhagair i'r llyfr ar ôl ei gyhoeddi. Pe gallwn fe luniwn
ragair yr un fath â'r tameidiau hynny o ffilm yr wythnos
nesaf sy'n cael eu dangos yn y sinema yr wythnos hon,
i'ch denu chwi yno i weld rhagor o ladd a chusanu. Neu
i fod yn *apéritif*, y diferyn diod a yfir o flaen pryd bwyd
i'ch denu chwi i fwyta—y rheini ohonoch sy'n yfed y
llythrennau italaidd hyn. Ond 'does dim eisiau *apéritif*
arnaf i i dynnu dŵr o'm dannedd os clywaf aroglau bwyd
yn dod o'r gegin neu wynt bara'n crasu'n dod drwy gil
drws y ffwrn, ac nid oes eisiau diodlith o ragair i waith
Islwyn Ffowc Elis.

Yr ydwyf i wedi llunio pwer o gwestiynau arholiad yn
fy amser, i ymgeiswyr yr hen Fwrdd Canol ac i fyfyrwyr
coleg—coffa da am y "Traethwch beth a wyddoch" a'r "A
ydych yn cytuno fod" a'r "Rhowch eich rhesymau".
Wrth fwrw golwg yn ôl dros y profiadau ynadol hynny, ac
wrth fy ngosod fy hunan yn y doc yn awr, nid wyf yn
meddwl imi erioed weld atebiad, ac ni allaf innau roi un
yn awr, a allai esbonio pam yr oedd cerdd neu stori neu
ysgrif yn wych, heblaw dweud fod y gerdd wych yn
odidog a bod y gerdd odidog yn wych. Gallwn ddisgrifio
ac olrhain faint a fynnom, a chymharu a dosbarthu a
dadansoddi, heb byth gyrraedd craidd y 'pam' terfynol. Y
mae hwnnw'n ddiesboniad ac anesboniadwy—perseinedd,

perarogl, harddwch, cyfaredd, celfyddyd; ac ni all unrhyw wraniwm beirniadol ffrwydro'r 'pam' di-amod a di-ymod yma. Ni wn i pam y mae'r hanesyn yn diarwybod lithro i'm cof y funud yma—rhaid bod ei briodoldeb yn ei alw o ddyfnder angof—sef yr hanes am yr hen ŵr doeth o'r India yn erchi i'w fab dynnu un o ffrwythau'r goeden *nyagroda*, a'i erchi i'w dorri. Ar ôl i'r mab ei dorri, gofyn iddo beth oedd yno. Dim ond hadau. Erchi iddo dorri un o'r hadau, a gofyn beth oedd ganddo'n awr. Dim byd. Yn y 'dim-byd' yna yr oedd cyfrin hanfod y goeden fawr.

Na, ni allaf ddweud beth yw'r ddewinol rin sydd yn ysgrifau Islwyn Ffowc Elis, er ei bod yma, yn amlwg a digamsyniol; ond y rhin yma sy'n ei roi ymhell uwchlaw'r medrus a'r llafurus a'r rhai a ddysgodd y cwbl sydd i'w ddysgu am y grefft lenyddol a'r dechneg ysgrifol. Y mae'r cinc ynddo, ac y mae'r 'cinc' yn gymar i'r 'pam' an-atebadwy.

Ond er na allaf ddweud dim byd esboniadol am y gynneddf hon, mi driaf ddweud rhywbeth am ei hôl a'i heffeithiau gweledig. Hyhi, nid unrhyw ddysg dechnegol am gystrawennu, sy'n rhithio rhyddiaith gywir yn gelfyddyd gain. Hyhi sy'n troi pwnc a'r defnydd sy'n cronni o'i gwmpas yn gyfansoddiad patrymol fel sonata, ac nid yn destun a chyfres o 'bwyntiau'. Hyhi sy'n dweud wrth lenor sut y mae dethol a gwrthod, ac yn dangos b'le mae'r ffin rhwng y 'personol' a'r 'hunanol', nes ei fod yn gwybod hyd sicrwydd fod ei brofiad personol yn brofiad cyffredinol: y peth sy'n profi gwirionedd y farn hon yw fod y darllenydd heb yn wybod iddo ei hunan yn meddwl am y pethau hynny yn ei brofiad ei hun sy'n gyfryw â phrofiadau'r ysgrif. A'r gynneddf hon hefyd sy'n gallu-ogi'r ysgrifwr i afael yn yr hanfodau—y pethau sy'n wir ac yn wirebol; y munudau arhosol; yr hiraethau cynhenid; y pethau sydd fel y delweddau platonaidd; ac i sôn am y pethau hyn fel profiadau a sylweddau diriaethol, ac nid fel athrawiaethau barfog a di-wên.

T. J. MORGAN

Adfyw

Mae'r haul wedi codi naw mil o weithiau er pan welais ef gyntaf. Ni wyr ef mo hynny. Ni wyr ychwaith pa faint o'i fachludoedd a gedwais, na pha sawl noson o sêr ar ôl iddo fynd dan y byd. Mi syllais arnynt a'u storio lle nad oes gwyfyn na rhwd yn llygru, na dim, ond henaint, a lle nad oes lladron yn cloddio drwodd, ond angau. A heno, cymeraf yr allwedd, a mynd at ddrws yr ystorfa, a thynnu'r tapestrïoedd a'r llenni o'u llwch.

Dim ond gair neu ddau uwch y lliwiau, cyn eu plygu'n dyner a'u rhoi yn ôl. Dim ond cip, yn slei, slei bach.

'Rown i'n blentyn go eiddil, 'rwy'n deall. Fawr iawn o chwaraewr, dim giamstar ar gicio pêl. Rhyw eistedd yn swrth a phensynnu, ac am fy mod i mor wantan, ac mor dda-i-ddim yn y chwarae, yn fy ngweld fy hun yn arwr a'm dychryn ar lwythau anwar, yn gapten llongau ac yn saethu llewod yn lluoedd. 'Does dim rhaid dweud mai'r *Union Jack* oedd baner fy maboed, Saesneg oedd iaith pob antur, a chyrrau'r Ymerodraeth Brydeinig oedd cyrrau 'mreuddwydion i. Ond nid yw newid fy maner, fy iaith a'm teyrngarwch, wedi newid dim o ramant y maboed hwnnw. Y maboed pan fûm i'n chwarae o flaen y tŷ yng Nglyn Ceiriog, rhwng colofnau'r feranda fach, yn chwarae tŷ bach efo llestri, yn union fel merch. Ond yn y dyddiau gwyn hynny, 'doedd chwarae chwaraeon geneth na gwisgo pais ddim yn athrod. 'Roedd hynny cyn y cur a'r cwffio; cyn dyddiau'r gang.

Feranda'r oeddem ni'n ei galw; ond 'doedd hi ddim ond y llofft yn dod allan uwchben yr ardd, yn gysgod bach difyr ar ben y pileri glas. A'r grisiau'n disgyn i'r ffordd rhwng y lafant a lili'r dyffrynnoedd, a'r giât fach gam, nad oedd hi ddim digon i gadw plentyn rhag peryglon y ffordd. Mi eisteddais yno ganwaith, wedi dyddiau'r bais a'r llestri bach, trwy flynyddoedd bachgen a llanc, ar brynhawniau Sul yr haf. 'Roedd yno fainc, hen fainc ac iddi freichiau, a phan oedd hi'n des, a hwnnw'n crynu ar doau'r pentref ac ar frig y gwair, eistedd rhwng y breichiau brown, i freuddwydio. Syllu ar draws y dyffryn dros y ffatri wlân a'r terasau lle bydden' nhw'n rhoi'r wlanen i sychu, syllu ar y bryn gyferbyn ynghwsg dan ei rug. A'r gwenoliaid yn gwibio ac yn gwichian ar ei gilydd, yn gannoedd diorffwys rhyngom a'r bryn y tu draw. 'Rwy'n clywed eu gwichian byth.

'Doedd gen i fawr o gariad at ddysgu. Fawr o gariad at ysgol. Rhyw garchar oedd ysgol i mi. Ond 'roedd ysgol yn nyffryn Nantyr nad oes yng Nghymru ei delach, ysgol fach, fach, a'i hwyneb yn wydr i gyd. A phan oedd hi'n braf ac yn hafaidd, dyma agor y muriau gwydr a rhoi'r ysgol i'r awyr iach. Mi anghofiais lawer a ddysgais yn yr ysgol fach wylaidd honno, ond mae unpeth a ddysgais nad ymedy â mi tra bwyf. Mae'n debyg mai am ei fod, fel y dwedan', ynghlwm wrth fy iaith a'm cefndir, yn fyw yn fy mywyd i. Yr unpeth hwnnw oedd torch o delynegion, a'r rheini'n delynegion Cymraeg, sy'n dal i throbio'n fy nghof bob gwanwyn a dechrau haf.

'Roedd milltir a hanner i'r ysgol, trwy haul a glaw ac eira, dim sôn am na bws na modur, a'r gwynt yn torri i'r clustiau a'r coesau bach. Ond mi welais y dyddiau hynny'n y glasgwm coediog, mi welais droi'r gwlith yn berlau a'r grug yn dân. Ac adrodd y telynegion wrth

loetran ger nant a chamfa, a gofyn i Dduw fy ngwneud
innau hefyd yn fardd.

Beth a welais ar y lawnt
Gydag wyneb gwyn edifar?

Beth a welais ar y twyn?
Wyneb oen, y cynta' eleni.

A thybio, wrth eu hadrodd, fod y briallu'n gwrando a'r
cywion gwyddau'n nodio'u pen.

Glas yw wybr Ebrill,
Glas fel llygad Men;
Mae enfys ar y cwmwl
A blagur ar y pren.

B'le mae'r enfys honno, tybed, yr adroddais gyntaf y llin-
ellau wrth syllu arni? A beth a ddaeth o'r blagur ar y pren
criafol yn y tro?

Gwn ei ddyfod, fis y mêl,
Gyda'i firi yn yr helyg,
Gyda'i flodau fel y barrug,
Gwyn fy myd bod tro y dêl.

Onid yw'r caeau yn wyrdd, yn wyrdd?
A melyn eithin
Dan haul Mehefin
Hyd fin afonydd a min y ffyrdd.

15

Bûm droeon ym mro Porthmadog, ac yno'n ceisio cysylltu'r meysydd a'r llethrau â'r telynegion a ganwyd yno. Ond ofer, ofer i gyd. Mae'r telynegion wedi aros yn nyffryn Nantyr, ar y perthi a'r gelltydd ac yn nhroadau swil y ffordd. Ac nid oes a'u dyco byth. A rhaid ichwi faddau, ysbrydoedd Gwynn Jones ac Islwyn a Dafydd ap Gwilym, pan ddywedaf mai ohonoch chwi oll fy nghariad cyntaf a'm llwyraf oedd Eifion Wyn.

Euthum wedyn i ysgol Llangollen, glyn hanes a thegwch a steddfod cantorion y byd. Mi ddysgais yno beth Saesneg, mi ddysgais ofidiau arholiad. Un bore, darganfu'r bechgyn fy mod yn genedlaetholwr Cymreig, a rhoddwyd fi ar fy mhen yn y fasged ysbwriel. Ffrwyth y driniaeth honno oedd fy ngwneud i'n genedlaetholwr eirias. Yn Llangollen y dechreuais lenydda—storïau nwydus yn berwi gan adolesens, a cherddi cymalog, carbwl y buasai'r Cocos ei hun yn gwrido erddynt. Ond llecynnau gwyrddion y chwe blynedd unig hynny oedd dianc i rug y bryniau yn y gwersi maths, a dianc yn gorff a phopeth i gynhaeaf y gwair a'r ŷd. Clywaf eto honcian y drol ar ei thaith tua'r gadlas, y gwair yn crafu'r gwrychoedd ac yn aros arnynt yn duswau, a'r gwlith yn meddalu'r adlodd; mae barrau cochion yn awyr y gorllewin lle bu'r haul; mae'r lludded glân yn y corff a'r tecell yn grwnian ar y tân; mae'r tir yn mynd i orffwys dan lonyddwch hen yr hwyr. Dyma'r dyddiau cryfion a unodd fy mhridd â'r pridd.

Ac yna, daeth dyddiau Bangor. Ni bu, ac ni bydd eu tebyg. Pe rhoid imi erddi Babilon neu filiynau anghyfrif Rockefeller, nid wyf yn credu heddiw y newidiwn hwy am y pum mlynedd meddwol hynny. Bu Menai yn las ac

16

yn frochus, aeth gwanwynau drwy Sili-wen, ac ni chyf-
rifais eu myned. Yno bu gwneud cyfeillion a cholli
cariadon, gadael agnosticiaeth ysgol a dysgu ffydd.

Rhyw ddyddiau rhyfel oeddynt. Bychan oedd rhif y
myfyrwyr, a'u hanner yn Saeson hirion a mawr eu sŵn.
'Roedd hi'n greisis ar y bywyd Cymraeg; aeth y creisis i'n
gwythiennau a'n clymu'n dynn wrth ein gilydd. 'Fu
erioed y fath ganu, naddo, gan eosiaid y Rhondda, â'n
canu ysbeidiol ni yn nydd yr argyfwng. Hel yn dyrrau
cynhyrfus, a'r gân yn mentro o eigion rhyw denor unig
neu soprano bêr, ac yn chwyddo nes mesmereiddio
pawb. Yn strydoedd deillion y blacowt, ym moreau'r
torri darlithoedd, yma, acw, ym mhobman—y canu a
gadwodd Gymru'n fyw yn y coleg meini. A phan ymder-
fysgem a chasglu, a'r gân yn dringo'n orfoledd, y Saeson
o'n cwmpas yn tewi a mynd yn fud. Rhai'n edmygu,
rhai'n gwgu, ond y cyfan yn mynd yn fud. Rhyw barch-
edig ofn ger y grym yn y gân a wnaeth Gymru'n Gymru.

A'r dadeni a welodd Bangor y blynyddoedd hynny.
Beirdd cenedlaethol, athronwyr, gwleidyddion a digrifwyr,
arloeswyr adloniant a llên, yno y magwyd hwy. Bob gaeaf
byddai dyrnaid yn ffroeni'u ffordd i un o stafelloedd
bleraf y colegau, ac wedi eistedd ym mhob anghysur
artistig ar y meinciau pren, dechrau meddwl. Ac yn y
seiadau hynny, creu ffolinebau rhyfeddol. Y caneuon a
grewyd, y miwsig a dywalltwyd, y ffantasïau a'r sgitio,
yn ymfoldio'n ddramâu-canu a fedyddiwyd "Nirfana
Rowndabowt", "Breuddwyd Huw Huws", "Y Carped
Hud", "Glyndwreitis". A'u perfformio'n ddigywilydd a
ffoli arnynt, ein hepil digymar ni. Os gwêl Bangor eu
tebyg eto, bydd gwyn ei byd.

Ond bu hefyd adegau tawel. Nid sŵn yw stiwdant i gyd.
Y nosau arteithiol cyn arholiadau'r haf, a'r ddinas yn
sinistr ddistaw, ar wahân i fref ambell fyfyriwr gorffwyll
yn gweiddi "Rhy hwyr! Rhy hwyr!" Mynd o lyfr i lyfr fel
gwyfyn, a methu cael mêl. Codi a cherdded rownd y bloc
a dychwelyd, a chloc yr eglwys gadeiriol yn cyhoeddi
treigl yr oriau gyda blas. Teimlo'r hysteria'n codi yn y
gïau a'r gwaed, rhythu a rhythu nes hollti pob llythyren
yn ddwy. A chlychau'r gog Mehefin ac aroglau'r gwair
yng Nglyn Ceiriog mor bell, mor anobeithiol o bell.

Ond ni bu ofer y nosau hynny. Pe na buasent, buaswn
eto heb weld un o dapestrïoedd harddaf fy mywyd. Yr
oedd tri ohonom yn yr afael â'r llyfrau o gylch y bwrdd, a
hanner nos wedi'n gadael ers meitin. Aeth un i'w wely a'i
felltith yn drwm ar addysg. Llafuriodd y llall a minnau
ymlaen, ymlaen. A thri o'r gloch y bore dyma godi ac
ymystwyrian, ac un yn agor ei lygaid tewion ac yn dweud,

"Beth am fynd am dro?"

"Be', rŵan?"

"Ia, ty'd."

A llithro drwy'r drws fel llygod, a sleifio gyda'r mur, ac
ar y gornel, sefyll. Yr oedd Menai fel llen o sidan a phelen
drom o leuad yn crynu yn ei chanol, a Môn mewn hyp-
nosis gwyn dan y lleuad arall uwchben. Aeth mudandod
arnom, a cherdded rhwng y coed a oedd yn dal a thawel a
llawn o haf. A disgyn ar ein hwynebau ar y ffordd wen
gynnes, a'i hwyneb yn fyrddiwn o dyllau mân yn chwysu
tar. Buom yno'n hir yn hepian a'n gwaed yn tuthio'n
ffwndrus, yn feirdd ac yn ffyliaid ac yn rhugl mewn
Hindwstani. Mae i'r gyfundrefn addysg ffaeleddau, a'r

18

rheini'n ddi-os yn lluoedd, ond rhoes gyfle un noson i ddau fyfyriwr fod yn nefolaidd ffôl.

Gallwn fynd i fae Aberystwyth, lle bûm yn gwrando'n hygoelus ar noson dawel am glychau Cantre'r Gwaelod yn y dŵr. Gallwn fynd at lyn y Bala, lle gwelais i'r Aran â'i phen i lawr, yn gorned eira. Ond bellach, rhaid casglu'r lliwiau a'u rhoi yn ôl. Mae'r pethau'n gwelwi yng ngolau dydd. Mae doe yn darfod, fel esgyrn rhyw Ffaro wrth eu cyffwrdd yn chwalu'n llwch. Ond bu felys eu gweld a'u bodio. A chyn y cyfyd yr haul naw mil o weithiau eto, bydd mwy i'w rhoi yn y storfa lle nad oes gwyfyn ond henaint, na lleidr ond angau'i hun.

Melodi

Wedi ymlacio ym melfed seddau'r Plaza yr oeddwn pan glywais i hi gyntaf. Nid wyf i'n un o'r rhai a all wirioni ar sigl cân ddawns a fo'n ysgubo gwlad hyd lwybrau'r radio a thrwy afiaith sacsoffonau. Nid wyf ychwaith yn un o'r rhai a all anghofio bwyta a chysgu—i bob golwg, o leiaf— am fod un o ddarnau'r meistri wedi meddiannu'u henaid. Ond yr oedd hon yn wahanol.

Eistedd yn amyneddgar yr oeddwn drwy'r hysbysebion cyn dechrau'r darlun, a waeth imi gyfaddef nad yw amyneddgar yn cwbl ddisgrifio'r eistedd chwaith. Fodd bynnag, drwy'r tywyllwch rhudd ac uwch y mwmial gwenynaidd, torrodd hon i'r awyr. Y felodi fwyaf gafael- gar a glywais i erioed. Dechreuodd yn ddistaw, ddistaw, a chyda'r dechrau distaw hwnnw rhoi taw ar fy meddyliau afradlon i, a'm llonyddu. Tyfodd yr alaw; cerddodd dros y seddau, dringodd drwy'r goleuon i'r nenfwd, ymsuddodd yn y llenni a ffiniai'r llwyfan mawr. Yr oedd ym mhobman, fel barn drist, a minnau'n unig yno, heb ymwybod â neb ond hi. Daeth drachefn a thrachefn, a'i gosod ei hun yn llwybyr annileadwy, anhygoel dlws, ar fy meddwl.

Nid wyf yn cofio'r darlun a'i dilynodd, petai wahan- iaeth am hynny. Yn unig mi wn fod hon wedi penderfynu aros gyda mi o hynny allan. Mi glywswn, fel bardd y penillion telyn, "lawer sôn a siarad" am boen melys. Ond tybiwn innau mai gwrtheb go smart oedd yr ymadrodd nes imi glywed hon. Rhoeswn unrhyw beth am gael gwared â hi, cablwn hi. Ac eto, yr oeddwn yn ei charu, bob nodyn cyfoethog ohoni. Clywswn ddau gyngor i rai a

boenid gan felodi y dymunent gael ymadael â hi. Un oedd
ei chanu dros bob man ac felly ei thaflu i'r awyr ac i angof.
Y llall oedd canu melodi arall ar ei thraws, a'i boddi, sain
am sain. Rhoddais braw ar y naill ffordd a'r llall. Ond ni
thyciai dim. Glynodd fel gelen.

Ac ni wn ei henw, nac o ba ddychymyg y daeth. Yr wyf
yn siŵr ei fod yn ddychymyg athrylith. Alaw ddiymhongar
hollol yw hi, ond pe hysbysai rhywun fi mai piano un o'r
meistri mawr a'i clywodd hi gyntaf, ni'm synnid. Blas
Rwsiaidd sydd iddi, blas y peithiau pell a dyheu prudd-
glwyfus tyddynwyr y pridd. Mae'r gwynt a'r afonydd yn
wylo drwyddi, a phob hiraeth a gronnwyd mewn calon
erioed wedi'i ddal a'i ddofi rhwng ei barrau. O'r ymestyn
tyner cyntaf cyfyd i ffiniau canu llon, yna rhwygo'n
ddramatig leddf, a darfod mewn ecstasi ofnadwy dawel
sy'n llwytho'r cordiau nes eu torri bron. Yr oedd hi'n
bryfoclyd am ei bod yn benderfynol, ond ychwanegwyd
at ei phryfôc am na wyddwn ei henw nac enw'i cherddor.
Darn o athrylith yn hongian mewn gwagle, a minnau ar y
ddaear oddi tani yn syllu'n addolgar arni, yn estyn fy
nwylo ati ac yn methu â'i dal.

Daeth gyda mi i fannau rhyfedd. Pan awn ar feic hyd
ffordd gwlad marchogai'r felodi gyda mi, a thro'r pedalau
yn curo'i hamser. Wrth droi'r corddwr yn lleithder
sawrus tŷ llaeth ar fore o haf, clywn hithau'n cerdded fy
meddwl a'i hacen ynghlwm wrth guro'r corddwr. Bu hyd
yn oed yn y capel gyda mi, yn gwau trwy donau lleddf y
cysegr, yn ymglymu am rai o emynau Pantycelyn. Ac nid
myfi fyddai'r un i warafun iddi ei lle yno. Daeth o
brofiadau dyfnaf enaid, mi wn, ac ymestyn allan tua'r
tragwyddol y mae bob tro y clywaf hi.

21

Gorweddodd ar fy ngobennydd lawer noson, gan wneud y gobennydd hwnnw'n dân o hir alltudio cwsg. Bu gyda mi ar lwybrau'r gwanwyn a than ddail haf, a'r un oedd ei heffaith bob tro. Dwysáu llonder, dofi llid. Mae'n rhan ohonof bellach. Petai'n rhaid imi wneud hebddi, ni byddai bywyd yr un.

Bu'n rhaid imi'i rhannu â chyfaill un tro, ac mae yntau mor eiddigus â minnau ohoni erbyn hyn. Nid wyf yn edifar am ei rhannu ag ef; bu llawer awr yn felysach yn ei gwmni am ei fod yn ei hadnabod hi, a bu hithau'n gyfoethocach imi am fod rhywun heblaw myfi fy hunan yn ei charu. Wedi'i lapio yn ei chordiau mawr, yn cerdded rhagddi o ogoniant i ogoniant, ni all lai na rhoi cynnwrf yn nyfnderoedd pawb a'i clyw. Felly y bu'r cyfaill a minnau, ar lawer awr yn nyfnder nos, ymron â'n hyfed ein hunain o dan y bwrdd yn ei gwin, yn methu'n lân â'i gadael a mynd i orffwys.

Bydd yn rhaid imi farw ryw ddydd. Hynny am nad wyf ond talp o glai, ond bod bywyd wedi cymryd fy menthyg am rai blynyddoedd i ryw amcan na allaf fi ond damcanu yn ei gylch. Ac am i mi ym mlynyddoedd fy nghleidod gyfarfod ag ysbryd fel y felodi hon ar fy nhaith, bydd marw'n anos. Bydd marw'n anos am wybod ohonof y bydd hon yn canu ymlaen i'r canrifoedd wedi i mi dewi, ac y bydd clustiau eraill yn ei chlywed a dyfnderoedd eraill yn cynhyrfu o dan ei chelfyddyd. Dyna pam yr wyf yn eiddigus. Clai yn eiddigeddu wrth ysbryd. Tybed a eiddigeddodd y meddwl clai a'i creodd a'r dwylo clai a'i rhoes hi gyntaf ar dannau piano neu ar linyn ffidil â'r un eiddigedd? Neu a enillodd y clai hwnnw anfarwoldeb iddo'i hun wrth ei chreu?

Hwyrach fy mod yn mynd yn sentimental, ond mae'n anodd peidio wrth wrando hon. Ac i'm cysuro fy hun byddaf yn tybio na ddichon imi ffoi oddi wrthi, nac i'r nefoedd nac i uffern nac i eithafoedd y môr. Mae hi rywsut yn hollbresennol fel yr Hwn a greodd ei chrëwr, ac ni ellwch chwi fyth fy mherswadio nad oes ganddi delyn ac angel iddi'i hun yn un o gilfachau hyfrytaf ei nefoedd Ef.

Sut i Yrru Modur

Gwell imi fod yn onest ar y dechrau, hwyrach, rhag twyllo unrhyw gyw gyrrwr anffodus fel fy hunan sy'n ceisio esboniad ar ei fethiant ym mhobman ond yn ei gyfansoddiad ef ei hun. Nid teitl yr ysgrif hon yw'r geiriau uwch ei phen—teitl yr ysgrif hon yw "O Glawdd i Glawdd"—ond teitl y llyfr tri-a-chwech hwnnw a'm twyllodd mor enbyd. Yn Saesneg y sgrifennwyd ef. Buasai llyfr Siapanaeg ar dyfu bambŵ wedi bod o lawn cymaint budd i mi.

Yr oedd arnaf eisiau bod yn berchennog car modur ers amser maith. Pan soniwn am brynu'r cyfryw gofynnai pwy bynnag y digwyddwn fod yn siarad ag ef ar y pryd a allwn i yrru. Atebwn innau na allwn, ond mai bychan o orchwyl fyddai dysgu. I mi, meddiannu'r peth oedd yn bwysig. Yr oedd rhyw urddas i ddyn a chanddo fodur. Yr oedd yn uchelwr yng nghanol gwerin fflat o bedestriaid, fel y darlun hwnnw o Owain Glyndŵr yr arferwn syllu arno pan oedd f'ymwybod cenedlaethol yn blaguro ynof—Glyndŵr yn uchel ar ei farch yng nghanol môr edmygus o wŷr traed. Yr oedd gŵr wedi'i godi ar olwynion, a pheiriant stormus yn ei dynnu, yn amgenach creadur, yn greadigaeth go ysblennydd. A'i bosibiliadau! Os oedd yn ddelfryd ganddo fod yn gymwynaswr ym mryd ei gyd-nabod, gallai bob amser godi blinedigion oddi ar yr heol a'u cludo. Neu os oedd yn ifanc, ac yn dihoeni am ym-ddisgleirio fel carwr, llawer mwy barddonol i gariadferch fyddai cyrchu encilion disathr mewn cerbyd preifat na'i hysgwyd hyd briffyrdd mewn bws poblog, swnllyd. Yr oedd manteision meddu modur yn afrifed. Canai car ar ôl

24

car rwndi melys wrth fflachio heibio imi ar y ffordd, a'r haul yn wincian yn eu metel. Dihangai ochenaid andwyol ohonof wrth syllu arnynt. Yr oedd yn rhaid cael un.

Ac mi gefais un. Cerbyd difai yr olwg arno; wedi cofleidio ambell drofa'n rhy glòs, efallai, wedi bod braidd yn haerllug gydag ambell glawdd neu bont, ond cerbyd difai yr olwg arno. A'i beiriant yn batrwm. A chydag ef daeth cynnig mawrfrydig. Nid oedd orfod arnaf ei brynu nes gweld ei ogoniannau a'i ffaeleddau, a dygymod â hwy. At hynny, yr oeddwn yn rhydd i fwrw fy mhrentisiaeth ynddo.

Rhaid imi gyfaddef mai un o funudau gloywon fy mywyd oedd honno pan eisteddais wrth ei lyw a blysig ryfeddu uwch amrywiaeth ei doreth taclau. Treuliais orig hud yn eu byseddu'n betrus, lifer a botwm ac allwedd. A synio, os rhyfedd ac ofnadwy y'm gwnaed i, mai rhyfeddach y gwnaed hwn—a mwy ofnadwy, fel yr oeddwn i brofi'n ddiweddarach. Ac wedi'r rhyfeddu, mynd ati i roi bywyd ynddo. Yn fanwl ofalus trois ei allwedd danio a thynnu'r botwm cychwyn. Deffrodd y peiriant a chrynu drwyddo. Cynghorwyd fi wedyn i symud y lifer-gêr i fan neilltuol ac i dynnu fy nau droed oddi ar y pedalau. Pan wneuthum hynny rhoes y cerbyd lam erchyll tua'r clawdd a stopio, a diffoddodd y peiriant. Yr oedd wedi cychwyn ar gyfnod poenus y llamu a'r diffodd.

Eithr, er fy syndod, nid oedd y dysgu wedi hynny cynddrwg ag y buaswn yn ofni. Yr oedd y tair gêr yn gymhleth, mae'n wir, a champau clyts a brêc a sbardun yn bygwth bod yn ddinistriol ar adegau, ond yr oeddwn yn llwyddo i lywio'r cerbyd gyda'r clawdd a chyda pheth cyflymdra heb beri fawr niwed iddo ef nac i neb arall. Yr

25

oedd fy nghamau cyntaf yn yr anturiaeth wrth fy modd, ac wrth fodd y gŵr a'm dysgai, meddai ef.

Ond, gwae fi, y mae imi gyfeillion. Y bodau annarogan hynny y llwydda argyfwng i'w troi naill ai'n feirniaid ewinog neu'n watwarwyr ffyrnig. Ac ymhlith y cyfeillion hyn yr oedd dau neu dri a honnai fod yn hen ddwylo ar grefft gyrru modur. Yn wir, yr oedd yn arfer gan un neu ddau ohonynt gadw car a'i redeg i'w gwaith. Ac un bore, wedi clywed fy mod innau o'r diwedd yn berchen car, yr oeddynt yn dra awyddus i ddod ar wibdaith gyda mi, yn engyl gwarcheidiol, i roi imi gyngor neu ddau. Ond yn y seiat wibiol honno mi ddysgais, er fy ngofid, nad oeddynt nac engyl na gwarcheidiol. Ni aethom, y diwrnod braf hwnnw, allan i'r priffyrdd. Bu bron imi orfod ychwanegu "a'r caeau". Sut y goroesais i'r gybolfa honno ni wn eto'n iawn. Dywedwyd imi droeon fod gan bob gyrrwr ei ddull ei hun, a'i fympwyon. Ni wyddwn gywired y gair hyd y bore heulog hwnnw ym Mehefin. Pan anogai un fi i gyflymu, haerai arall mai doethineb oedd pwyso ar y brêc; pan orchmynnai un basio'r cerbyd o'm blaen, llefai'r llall arnaf gadw o'i ôl. A phan sgrechiai'r brêc mewn poen neu neidio o'r cerbyd yn ing ei ansicrwydd, myfi, amadur truan, oedd y pechadur bob tro. Mi gredaf mai y bore hwnnw y daeth y blewyn brith i'm gwallt.

Bu trafod cynnes, fodd bynnag, a phenderfynu mai un o'r cyfeillion bondigrybwyll oedd i fod yn athro imi o hynny allan. Creadur hardd, yn glod i natur, a chanddo lais dwfn a threiddgar, na fyddai modd imi gamddeall un gorchymyn a lefarai. Ond rywsut, er aeddfeted ei brofiad, ac er treiddgared ei lais, ni lwyddodd i wneud gyrrwr ohonof. Bu ddygn gyda mi, nyrsiodd f'olwyno'n ofalus, ymdrechodd trwy deg a thrwy drais, arbedodd imi straen y trefi stwrllyd. Ac eto, wele f'amaduredd mor ddigonfensiwn ag erioed.

Ac un diwrnod yr oedd wedi rhoi prawf ar lawer dull a llawer modd, wedi'i yrru i weiddi'n ingol ac wedi gorfod fwy nag unwaith gymryd y llyw mewn anobaith. Yr oeddwn innau, gyda chymorth amryw wallau yn y peiriant, wedi cyflawni pob pechod dreifiol. Trodd y cyfaill ataf, ei lygaid wedi chwyddo gan flinder a'i wyneb yn hagr-welw, a dweud, "Mae'n rhaid i ddreifar allu deall beth sy'n digwydd ym mol y peiriant hefo pob gweithred o'i eiddo. Mae'n rhaid i'w feddwl o fod yn feddwl mecanyddol, gwyddonol. 'Does gen ti ddim meddwl sy'n gallu amgyffred hyd yn oed yr elfennau, clyts a brêc a gêr." A'i ddweud, nid mewn brwysgedd uchel, ond yn ddistaw ddiflas, fel un mewn breuddwyd ofnadwy.

Felly, mi fethais. Y mae'r cyfaill amyneddgar ers misoedd yn rhuo hyd y wlad hyd eithaf ei ddogn petrol. Y mae'r llyfr Saesneg celwyddog a honnai hawsed oedd gyrru modur wedi'i golli, nid yn anfwriadol. Y mae'r cerbyd wedi'i werthu. Gwastreffais fisoedd o'm deng mlwydd a thrigain prin, ac ni bu imi ddim elw. Ond un ddamcaniaeth. Ni lwyddodd dyn erioed i yrru modur. Fe honnodd rhai fedru. Mi wn am rai a fedrodd. Ond nid bodau dynol mohonynt. Tebyg at ei debyg yw hi o hyd.

27

Ar Lwybrau Amser

Y mae llawer blwyddyn er pan gollais i fy mhen ar beiriant amser H. G. Wells. Yr adeg honno yr oeddwn i'n cymryd Wells o ddifri, yn ei lyncu'n gyfan ac yn ail-freuddwydio'i freuddwydion ef drosodd i mi fy hun. Yr oedd ymosod ei fodau anhydraeth o Fawrth ar Lundain mor real i mi ag ymosod y Siapaneaid ar yr Harbwr Perl; yr oedd llywodraeth filain y Morlocks ar y dyfodol pell mor bosibl â llywodraeth Gauleiter Natsïaidd ar Ogledd Cymru. Wells oedd bwyd fy nychymyg wrth droi gwair ar ffriddoedd Dyffryn Ceiriog.

Ond ei beiriant oedd wedi goglais f'ymennydd i. Peiriant o gwarts a metel nad oedd eisiau i ddyn ond eistedd arno a thynnu lifar, ac i ffwrdd ag ef i orffennol neu ddyfodol heb gymaint â chwmwl o fwg ar ei ôl yn y parlwr lle bu. Yr oedd hwn yn syndod i mi. Nid oedd fod Wells yn ei ddefnyddio i yrru ergyd ddamcaniaethol adref wedi gwawrio arnaf y pryd hwnnw, ac nid yw o wahaniaeth eto, am wn i. Yr oedd gwibdeithio'r teclyn yn agor panor-amâu godidog—gogoniannau pensaernïol dynolryw wedi cyrraedd penllanw mewn dawn a medr; nid oedd sôn am ras. Byd heb ddraenen na phryfyn, yn lawntiau ac yn erddi i gyd, a dyn ar y goriwaered, heb un anhawster mwy i dynnu'i orau ohono. Byd a dyn wedi darfod, a dim o'i fewn ond ymlusgiaid, yn ymlwybro yn eu saim eu hunain hyd lannau môr marw, a'r haul yn codi ac yn gostwng heb adael y gorwel, fel oren anferth goch.

O am gael benthyg y peiriant cyfaredd, a'i lywio lle y mynnwn i, ymlaen ac yn ôl, i wawr a machlud y ddaear! Ond wrth gwrs, nonsens oedd y stori i gyd. Nid oes neb eto wedi gwir ddarganfod y peiriant, ac ni wn i a oes a'i dargenfydd byth.

Ac eto, 'rwy'n methu'n lân â gadael llonydd iddo. Pan fyddaf i'n syllu i'r ffriddoedd fel y byddwn i'n syllu'n llanc, ac yn gweld dinasoedd yn tyfu arnynt lle nad oes yn awr ond caeau, ac yn meddwl pa fath le fydd yma wedi i mi fynd, a pha fath rai fydd disgynyddion fy nisgynyddion i, mi rown i f'anadl am beiriant fel peiriant Wells. Neu pan ddof i ar draws brawddeg mewn llyfr hanes: "Ni wyddys i sicrwydd pa ffurf oedd i anheddau dynion yn y cyfnod hwn"—Wel, go fflam! Byddai gallu mynd yno i weld yn setlo'r ansicrwydd i gyd.

Ond pe cawn i'r peiriant, i b'le'r awn i? Dyna gwestiwn. I'r dyfodol, yn sicr, i weld pa fath fyd fydd ar Gymru pan dry'r ddalen nesaf. Cymru gwbwl Gymraeg neu Gymru Saesneg neu Rwsieg; Cymru rydd neu Gymru na fydd yn Gymru. Ymlaen heibio i filiwn o fachludoedd, i weled pa siâp fydd ar Ewrop. A chwelir yr ieithoedd sy'n siarad heddiw i ieithoedd mwy hylif, fel y chwalwyd Lladin yn dair a rhagor, a Thewtoneg a Chelteg yr un modd? Rhai'n fyw, rhai'n farw, a'r rhai byw wedi newid ac ymbriodi y tu hwnt i'm dychymyg i. Mae'r dyfodol yn rhy fawr a rhy niwlog. A hwyrach . . . wn i ddim . . . na fydd dim dyfodol o gwbwl . . . dim ond i'r sêr a'r cacimwnci.

Ond y mae gorffennol. Nid yn unig fe fu, y mae. Y mae yng nghastell Caernarfon ac yn Eglwys Llangelynnin; y mae ym mhont Llangollen ac ar Sarn Elen; yn *Enoc Huws* ac yng nghadair siglo fy nain. Gellwch wadu'r dyfodol pan fynnoch, ond ni ellwch wadu'r pethau hyn. Maent yma gyda ni fel yr oeddynt gyda'r gwŷr a'u gwnaeth, ac yn dystion fod gwŷr a'u gwnaeth.

29

Ac i weld y gwŷr hynny y carwn i fynd. I'w gweld yn y cnawd ac i sgwrsio â hwy trwy gymylau pibell glai ac yn aroglau snisin. Y teilwriaid yn ffau Daniel Owen a'r saer yn naddu'r gadair siglo; y masiwniaid ar bont Llangollen a'r Brythoniaid yn palmantu Sarn Elen dan regfeydd y canwriaid gloywon. Ac ymhellach na hynny, efallai.

Ni buaswn yn teimlo fel ymdroi yng Nghymru yn oes Victoria. Nid yng Nghymru y ganed Victoriaeth. Peth benthyg ydoedd yma. Mi awn i'r lle y ganed ef, i ymyl Victoria'i hun. Mynd i theatr yn Llundain drwy'r niwl mewn cab hansom, a'i glychau'n gymysg â bloeddio bechgyn hanner noeth yn gwerthu matsys. I mewn dan y lampau nwy i'r *foyer*, i ganol peswch gofalus y dandïaid, ac i fwrllwch aroglus y chwaraedy i weld Irving yn chwarae Hamlet. O'm cwmpas, y gwŷr cyhyrog unben-aethol, eu gwallt yn gymysg â'u coler a'u hwynebau trymion ynghladd mewn locsyn, ac wrth eu hochor eu gwragedd tyner angylaidd, yn barod i wlychu neisied â dagrau cyn eu hannog bron. Dyddiau Gladstone a Disraeli, ac wynebau cenedlaetholwyr ifainc o Wyllt Walia'n dechrau britho dalennau *Punch*. Dyddiau'r frawddeg drom a'r cerdded trymaidd, parlyrau'n gwegian dan ornaments a'r niwl yn dew gan ddiciâu. Eu gadael am fy mywyd, o glyw'r gwerthwyr matsys a sobian gwragedd caethion, i b'le?

I Gymru'n ôl, i'r ddeunawfed ganrif. I'r dydd pan oedd egni'n cynnau, ac argyhoeddiad yn gyrru gwŷr ifainc drwy'r nos heb gysgu a thrwy'r dydd mewn dillad gwlyb-ion. I gegin hen ffermdy a'i dderw'n dawnsio yng ngolau'r tân, a Williams o Bantycelyn yn cynnal seiat yn y gwyll cynnes. Pob llygad ar ei lygaid ef, a geiriau'r bywyd yn gwreichioni ar ei wefusau nwydus. Ac wedi'r seiat, a'r ffarwelio, a'r cyd-longyfarch fod yr achos ar gynnydd, gwylio'r lanternau'n siglo hyd y corsydd, a gwŷr a gwragedd wedi'u lapio yn eu gwlân Cymreig yn cerdded ar awyr er gwaetha'u clocsiau. Dyddiau gwych, er meined y gwynt ac er caleted y byw, am fod Cymru'n dysgu darllen a chanu a Methodistiaeth yn ymystwyrian yn y groth.

O'r tywyllwch yn ôl i olau dydd. O'r gaeafau dreng i ganol meillion a rhaeadr o ganu adar, Mai yn Lloegr ac Elisabeth ar yr orsedd. Llanciau mewn dwbleri rhesog a sanau tynion a'u cariadon ar eu breichiau, yn rhigymu ac yn caroli ac yn chwerthin fel na chwarddodd eu tadau ers canrifoedd. Lloegr yn ymystwyrian yn awr, yn deffro o'i hofergoel hir, a Shakespeare yn dwrdio'i actorion yn y chwaraedy coed. Cleddyfau'n tincial yn y dafarn, a cheffylau'n chwyrnellu hyd y strydoedd coblog drewllyd lle mae'r gwragedd yn rhegi'i gilydd yn aflan o lofft i lofft ar draws y stryd uwchben. Y mae dawnsio ifanc ar y gwyrdd ar Galan Mai, a phiwritaniaeth yn cerdded yr heolydd mewn het bigfain a choler wen. Ac yn y llys mae ysblander, ac yn yr ysblander gusanau anllad a chynllwynio a thynnu gwaed mewn cyfranc ar doriad gwawr. O lygredd y llys, ynteu, ac o ddrewdod y cwterydd, yn ôl.

Yn ôl, hwyrach, i Ffrainc, lle mae Siwan o Lorraine yn annos ei gwerinwyr geirwon ar furiau Orléans. Drwy'r dyffrynnoedd sychion yr ânt, yn fyddin flewog safndrwm, a'r haul yn crasu'u crwyn. Dan gysgod y creigiau gleision a'r *chateaux* arnynt, ymlaen ar ôl y ferch o ddwyfol ordeiniad, a chas at y Saeson yn gwasgu'u dyrnau'n dynnach am eu gwaywffyn. Ond er fy mod i'n werinwr fel y cannoedd a duthiai ar ôl Siwan drwy haul a thân, y

31

mae rhyw flas slei i mi ym moeth palas Versailles, yn nydd llachar Lewis Bedwar ar ddeg, yng nghyfeddach y dugiaid ac yn nharan olwynion coits y mawrion rhwng llethrau'r olewydd. Ac yn rhywle, dan ffenestr agored yn y Midi, y mae trwbadŵr yn tynnu'i fysedd dros dannau yng ngolau'r lleuad, ac ar draws y dyffryn y mae'r mynaich yn udo'u gweddïau llwydion ar awr weddi ola'r nos. Ond mae hynny'n bell iawn yn ôl.

Ond nid yn ddigon pell. Beth sydd y tu ôl i Grist yn y canrifoedd niwlog? 'Rwy'n brysio heibio i Bentecost a Chroglith, rhag fy nghael fy hun yn Roegwr bydol yn gwawdio neu'n filwr Rhufeinig yn curo hoelion i groes. Yn ôl, heibio i dabyrddau'r Macabeaid a llefain y bugail o fryniau Tecoa a'r wylo wrth afonydd Babilon, yn ôl i'r hen Aifft. Nid oes yno ddim cynnwrf yn y gwres. Mae'r cychod hwyliau'n llonydd uwch eu lluniau yn nŵr afon Nîl, a phob palmwydden â sypyn crin o ddail ar ei phen. Draw dros y milltiroedd melyn mae Memffis, yn crynu yn yr haul, yn wynnach na'r eira. Yno, ar y balcon, mae'r Ffaro, yn gwylio'i gaethion yn gosod maen ar faen, yn codi gwareiddiad cynta'r byd.

I mi heddiw, nad wyf Eifftolegwr, cybolfa ddi-drefn yw'r hen Aifft. Cybolfa o byramidiau a hieroglyffau, teirw a chathod maen, Ffaroaid melyn yn llercian ar orseddau gwenithfaen, a chaethion yn siglo gwyntyllau plu uwch eu pennau'n araf; ac yn tasgu'n ffyrnig drwy bopeth—yr haul. Ond ped elwn i yno, a byw, a bod yn offeiriad stwbwrn i anifail o dduw fel yr wyf heddiw'n weinidog efengyl, fe gliriai'r gybolfa ac fe giliai'r hud. Byddai byw dan y Ffaroaid fel byw ym mhobman, nid yn freuddwyd gogleisiol mwyach, ond yn fatel wenwynig am fara a

32

chaws fel y mae ym mhob oes. Byddai farw'r cyfaredd dan lethdod gwres a brathiad mosgito, fel y lleddir ef heddiw gan ruthr peiriannau a chysgod yr ystlum atomig. A dim ond gweld gwely afon Nîl yn sychu'n graciau a chlywed sgrech caethwas dan chwip y meistr tasg, a gwrando preblach llyffaint yn y selerydd wedi nos, a byddai felys gennyf fi fyw yn rhywle ond yn yr hen Aifft.

Hwyrach, wedi'r cwbwl, nad yw'r ugeinfed ganrif yn ddrwg i gyd. Hwyrach fod ynddi hithau ryw hudoliaeth nas gwêl ond yr hanesydd fydd yn edrych yn ôl o'i lyfrgell ym mherfedd y gwareiddiad nesaf. Fy namcaniaeth i yw y bydd hwnnw wedi llwyddo i lunio peiriant fel peiriant Wells, ac y daw'n ôl yma, a'r blynyddoedd yn chwyrnu heibio iddo fel dalennau llyfr yn y gwynt. 'Rwy'n lled obeithio cyfarfod y gŵr hwnnw ryw gyda'r nos cyn imi adael y ddaear, yn sefyll yng nghyfrwy'i beiriant, yn silŵét rhyngof a'r machlud ar ysgwydd bryn, neu'n waed i gyd yng nghanol coeden eirin mair yn yr ardd, lle y bydd parlwr ddwy fil o flynyddoedd i heno. Hynny yw, os bydd rhywun yn bod ddwy fil o flynyddoedd i heno, heblaw'r cacimwnci, a'r sêr.

Gwrychoedd

Mae arnaf ofn nad oes gennyf ddiddordeb ffarmwr mewn gwrychoedd. Eu tair swydd i mi yw torri'r gwynt mewn storm, rhoi cysgod oer a phersawrus pan fo hi'n des, ac yn y gwanwyn boddio fy ngwanc am dlysni. Os oes iddynt berthynas arall â mi, bod yn rhwystrau dreiniog a moddion rhwygo dillad yw honno.

Eto nid wyf heb wybod bod iddynt amcan arall. A'r amcan, hyd y gallaf gasglu, yw cadw anifeiliaid newynog o gnydau y byddir am wanwyn cyfan â chryn ofal a phryder yn eu peri, a gwahanu caeau ac ynddynt borfa fras, felys, heb ddefaid, oddi wrth gaeau moel fel bwrdd a defaid ynddynt. Ac wrth edrych arnynt o bell, gellid tybio nad y lleiaf o'u swyddi yw cadw llidiart ar ei thraed. Fodd bynnag, nid yw fy lled-wawdio i yn debyg o amharu'r brigyn lleiaf ar barhad gwrychoedd nac ar barch ac anwyldeb amaethwyr tuag atynt. Iddynt hwy, y mae gwrych yn beth i'w nyrsio'n ofalus, i'w drin a'i drafod a'i drwsio; i'w ddisgyblu, wrth gwrs, fel plentyn, rhag iddo dyfu'n gam, ond i'w ddisgyblu, fel plentyn, â chariad. A llawer perchennog dwylo corniog a chryman a glywais i'n canmol crefft oesol plygu gwrych, ac yn ysgwyd pen am nad yw'r oes ifanc yn ei gwybod nac yn ei gwerthfawrogi. Mi gefais innau ras, ar adegau'r gwrando, i gyd-weld a chydofidio, er fy mod innau'n gymal yn yr oes ifanc na wŷr werth gwrych na chrefft ei blygu.

Ond os yw gwrychoedd yn anhepgor, ac yn mynnu serch a gofal fel plant ym mryd pob ffarmwr da, mae'n ymddangos i mi mai plant afradlon iawn ydynt, ac nad oes dim ar ddaear ffarm sy'n peri mwy o drafferth na hwy. Nid oes odid ddiwrnod nad oes bwlch yn un ohonynt. Hwy yw temtwyr dieflicaf y tir, a barnu wrth y blew a'r gwlân sy'n ffinio'u bylchau. Hwy yw'r ffîn rhwng yr anifail a phopeth sy'n flasusach a gwell, ac eto hwy sy'n temtio am fod modd gweld drostynt ac arogli drwyddynt. Yno y safant, awr ar ôl awr, ddydd ar ôl dydd, yn sumbolau gwyrddion o awdurdod anfodlon, yn ceisio bod yn ffrindiau â dyn ac â'i anifeiliaid yr un pryd. Ond anaml y llwyddant, oherwydd pan ragorant fel gwarch-eidwaid fe'u pwnia'r defaid ac fe'u cicia'r meirch nes iddynt ildio, a phan ragorant fel ffrindiau'r da a'u gollwng drwodd i'w paradwys, fe ddaw'r amaethwr â chuwch ar ei ael a gyrru polion drwy'u hymysgaroedd tyner a'u tagu â gwifrau. Fe ŵyr gwrychoedd yn well na neb pa mor anodd yw plesio pawb.

Ac yn hyn hawdd i wrych genfigennu wrth ei gyfnither ddideimlad, y ffens wifrau. Wedi'i chodi fe saif hon o'i sglein cyntaf i rwd ei henaint yn ufudd oer i'w meistr, ac i ymosod corn a charn yn gwbl ddifater, am na all deimlo. Mae'n ddidrafferth ac yn hwylus, medd hysbysebion, ac yn gwerthu mewn rhowliau. Nid rhaid ei phlygu na'i thocio, ac nid oes bylchu arni. Mewn gair, y ffin ddelfrydol.

Wel, ynteu, o ystyried holl fanteision ffens, a'r holl drafferth a rydd gwrych i ffarmwr prysur, y cau a'r plygu a'r cadw mewn trefn, paham yn enw popeth na fyddai ffermwyr yn ddoeth a diwreiddio'u gwrychoedd i gyd a gosod ffens a darfod? Ond eto, ni all ffens roi cysgod rhag gwynt a gwres, ac ni all ffens dyfu blodau drain gwynion.

Ac yma y codwn i fy llais yn amddiffyn drostynt. Pe tarewid ffermwyr y wlad yn sydyn â doethineb, nes disgleirio o fryn a dyffryn o fôr i fôr dan wifrau dur, byddai'n rhaid i mi bregethu gwallgofrwydd; gwallgofrwydd a gâr y rhwydwaith gwyrdd sy'n ffrwydro'n ddistaw dros nos, weithiau'n gawod wen, dro arall yn fantell rudd neu felyn, ac yn y diwedd yn bwrw'i wisg yn garpiau cochion yn y ffosydd o boptu.

Pa rinwedd a roed i wifrau sythion ffens? Nid y "gwyll gwyrdd" yn drwm gan sawr gwair newydd ei dorri a chanu gwybed, na'r cysgod prin ond trugarog i'r ŵyn a minnau cyn i wanwyn dewychu'r dail, nac ychwaith flodau drain a rhosynnau a chnwd y cnau. Lle i freuddwydio breuddwydion persawrus a meddwl meddyliau tebyg i'r blagur drain a'r rhosynnau uwchben, nid oes ond gwrychoedd fy mro a'i medd. Ac o'u diwreiddio hwy byddai fy niwreiddio innau. Âi holl swyn y tir i golli gyda'i wrychoedd ac awn innau i'm claddu fy hun mewn tref.

Fel yr estyn oes y peiriannau ei bysedd gloywon o ddinas i dref, o bentref i gwm, bygythir y gwrychoedd. Aeth amser yn rhy werthfawr i'w wario ar blygu a chau a thocio, ac aethant yn fwrn ar fraich ac yn falltod ar oriau hamdden. Bob dydd, daw'r celfi dur yn nes i'w cynefin gyda'u sglein a'u sŵn, a'r sôn am eu diwreiddio'n brysurach, fwy bwriadus.

Pan fônt yn gorwedd, gangau a gwreiddiau, yn dwmpathau crin ger y ffosydd lle bu eu teyrnas, a phan gyfyd mwg glas y tanau ynddynt i awyr denau rhyw hydref, ni byddaf i yno i weld. Cyn dydd eu diarddel, a chyn trawsblannu i'w lle rengoedd y disgleirdeb oer, bydd oes y peiriannau wedi f'erlid innau i ryw fangre dawelach na'i gilydd. Odid na adawant yno ddarn o wrych o gwmpas yr yw lle y daw cawod o flodau drain gwynion i geisio fy neffro bob dechrau haf.

Hyfrydwch y Gwir Grefftwr

Fe ddywedodd prifathro coleg diwinyddol yn ddiweddar wrth ei efrydwyr: "Oni chanfyddwch chwi Dduw yn eich gwaith, ofer ichwi'i geisio yn unman arall." A bûm yn myfyrio ar y dywedyd hwnnw. A gweled, os cenfydd yr efrydydd diwinyddol Dduw yn ei waith, ei fod wedi canfod ynddo ei hyfrydwch hefyd. Nid wyf yn gwadu na all ganfod yn ogystal her a ddichon gynnwys llawer o boen meddwl, ac ymdeimlo ingol â chymhlethdod pethau. Ond yn y canfod llawn y mae hyfrydwch. A pho lawnaf y canfod, dyfnaf yn y byd yw'r hyfrydwch hwnnw.

Wrth ddweud hynyna bûm yn dyfalu sut y dichon yr efrydydd fod yn grefftwr. Nid creu y mae. O leiaf, nid yw'n creu dim gweladwy. Eistedd y bydd ef ymhlith creadigaethau meddyliau eraill a sugno iddo'i hunan eu cyfoeth hwy. Fe all drwy hynny fod yn paratoi i greu ei hunan, ond tra bo'n efrydu, derbyn y mae, ac nid rhoddi. Paraseit ydyw.

Eto, os myn fod yn efrydydd llwyddiannus, ni all fodloni ar ymbalfalu'n ddiamcan yn rhodfeydd gwybodaeth. Nid yw'n ymwthio trwy ffeithiau a gosodiadau heb arfaethu rhywbeth, a'i arfaethu'n drefnus. Y mae rhagor iddo rhwng llyfr a llyfr, fel y mae rhagor i saer rhwng pren a phren, ac fel y llunia'r saer o'i ddefnyddiau fwrdd a chwpwrdd a thŷ, felly hefyd y llunia'r efrydydd o doreth llenyddiaeth gorff o feddwl cadarn a threfnus iddo'i hun. Y mae'n dethol ac yn didoli, yn darnio ac yn ail-gysylltu, yn ôl gwyddor a chydag amcan. Y mae'n grefftwr. A phan ddarffo'i gwrs, ni dderfydd ei efrydu. Hynny yw, os yw'n wir grefftwr.

38

Dichon fod pob crefftwr dan orfod. Ac y mae dau orfod. Un yw'r gorfod a osodir arno gan amgylchiadau neu gan feistr. Y llall yw gorfod ei natur ef ei hun. Gwae'r crefftwr na ŵyr ond y gorfod cyntaf. Pan baid y gorfod fe baid gweithgarwch hwnnw, a bydd ei grefft farw o ddiffyg ei pharhau. Ond yr ail, gwyn ei fyd. Pan baid pob gorfod oddi allan, fe barha ef yn ei grefft am na all beidio, ac am fod ei harfer yn hyfrydwch iddo. Anghenraid dros amser yw ei grefft i'r cyntaf, ond i'r ail y mae'n fywyd. Ni all ffynnu hebddi, a phe llwyddai byddai'n anniddig o fethu â'i fynegi'i hun.

Ac fel ein hefrydydd, un o ddau orfod a osodwyd ar bob crefftwr. A anwyd yn fardd, ni all na farddona. A anwyd i drin y tir, byddai diogi neu godi glo yn newyn iddo. Diau y gellir dysgu un i sgrifennu cerddi, ac y gesyd uchelgais eisteddfodol arno ryw orfod gwneud, ond pe byddai farw'r uchelgais byddai farw'r barddoni gyda hi. A phrin y dôi o'i farddoni ef farddoniaeth. Mêl o'r llew fyddai, ac nid o'r cwch. A'r gŵr a fagwyd â sawr pridd yn ei ffroenau, a chyngerdd adar yn ei glustiau fore a hwyr, odid na ellid dysgu iddo yntau ddrilio'r tân du o'r talcen glo, ond nid oes a wad na ddihangai'n ôl at y swch a'r bladur pe medrai.

Y mae llawer tristwch mewn bywyd. Y mae tristwch hiraeth a thristwch siom. Y mae tristwch mewn pechod i'r sant, ac i'r bardd mewn hagrwch. Ond nid y lleiaf ym mhlith tristychau yw tristwch y dwylo medrus y gosodwyd iddynt dasg y tu hwnt i'w medr. Y dwylo gwynion artistig a gochwyd gan erwinder caib a rhaw. Y dwylo sy'n ymbriodi'n hawdd â choed a chrefft eu llunio, a lesgaodd ar ddur diramant. Y mae gŵr mewn crefft estron fel afalau ar winwydd. Wedi'i roi yno y mae, nid wedi tyfu. Byddaf yn tybio'n amal fod dyn wedi'i briodi â'i grefft cyn dod i'r byd o gwbwl. Pan nad oedd ond breuddwyd serch yn llygaid cariadon yr oedd tuedd ei fywyd wedi'i phenderfynu. Y mae rhai a fyn ein dysgu mai amgylchedd yn unig sy'n penderfynu'r dyn; y daw'r da o gartref da a'r drwg o awyrgylch ffrae a ffrwgwd, ac mai'r organ yng nghartref un a'r cwpwrdd llyfrau yng nghartref un arall a benderfynodd fod un yn gerddor a'r llall yn ysgolhaig. Ond fe wyddant o'r gorau na wnâi ei eni ar biano mewn academi a nawfed sumffon Beethoven yn taranu yn ei glustiau newydd, a'i rwymo wrth seinfwrdd organ bob dydd o'i lencyndod, mo ambell un yn gerddor. Fe wyddant hefyd y byddai Schubert bychan, heb offeryn cerdd yn ei gartref, yn ingol anniddig nes rhoi'i fysedd am y tro cyntaf ar dannau piano. Y funud honno'n unig yr ymlonyddai adenydd gwylltion ei athrylith ynddo, ac y byddai'n barod i fyw. Ni byddaf byth mor agos i fod yn Galfin uniongred ag y byddaf wrth wylio gwir grefftwr yn ei waith. Os rhagarfaethwyd dim erioed, crefft yw honno. Y mae'n anochel.

Fe ddywedodd rhai o'r athronwyr mai wrth fyw'n unol â'i natur yn unig y mae dyn yn wir ddedwydd. Pan becho sant, mae'n dioddef yn rhwyddach na neb arall; wrth ymarfer santeiddrwydd yn unig y mae'n ymgyflawni, ac yn ddedwydd. Ac yn ei grefft yn unig y daw'r hyfrydwch hwnnw o rywle anhysbys ar ysbryd y gwir grefftwr. Ynddi hi yn unig y gall ymgolli mor llwyr fel y cilia'r byd oddi wrtho. A hebddi, wedi'i gwarafun iddo, y prawf ef ddyfnaf y boen sy'n rhan iddo yn y byd. Hwnnw na ddysgodd grefft na hyfrydwch ei dilyn, neu na roed iddo'r amynedd

40

i'w harfer, yw'r un nad oes gan fywyd fawr i'w gynnig iddo. Cais hyfrydwch ym mhobman ond yn ei waith, nad yw ond darn o'i fywyd, a darn annymunol. Rhannodd ei fywyd, ac ni all y rhannau gytuno. A'r aberth ydyw ef, y sawl a'i rhannodd.

Adwaen ŵr a drig ym mynyddoedd Cymru. Nid oes goethder yn ei fwthyn. Mae ei fwrdd yn blaen, ond mae'n faethlon. O'i gwmpas y mae gwlad foel, dawel. Ni bydd ond gydag eithriad yn ei gadael. Nid oes yn y dref nac ar lannau'r môr ddim hudoliaeth iddo ef. A cher ei fwthyn y mae ei ardd. A phan ddaw oddi wrth ei waith a bwyta, fe â ar ei union iddi. Daw rhai dieithr heibio a syllu arno'n ymfwrw o lwyrfryd calon i gelfyddyd hen y tir, gan dybio bod ei alwedigaeth feunyddiol yn beth tra gwahanol i drin gardd pan yw'n gallu ymdaflu mor egnïol i hwnnw wedi noswylio. Ond pan ofynnant iddo beth ydyw, syllant yn syn. Oblegid garddwr ydyw wrth ei alwedigaeth hefyd. Y mae'r ardd yn ei waed. Rhoi bywyd i flodau a llysiau yw ei hyfrydwch ef. A phan baid gorfod ei lafur beunyddiol y mae'r gorfod arall arno. Ni all ei fysedd fyw heb y rhaw a'r cryman. Y mae'n wir grefftwr.

Yn ei ardd y treulia'r gwir arddwr ei oriau beunydd. A'r gwir efrydydd gyda'i lyfrau. A'r gwir fardd gyda'i freuddwydion. Hwy yw'r ffodusion a ganfu'r aur mewn gwaith. Eiddynt hwy yw troed yr enfys. Ac er iddynt gael llawer mewn bywyd, nid anodd ganddynt ei adael, am iddynt fagu'r gynneddf brin honno a'u gwna'n gartrefol yn unrhyw fan, boed le, boed wagle, boed amser, boed dragwyddoldeb. Mae ganddynt fodlonrwydd. Ac fe'u gweasant iddynt eu hunain ar wŷd y tir, a'r llyfr, a'r breuddwyd.

41

Eiliadau Tragwyddol

Y mae arnoch eisiau i ambell eiliad yn eich bywyd bara
am byth. A pho fyrraf ydyw mwyaf yn y byd y mae arnoch
eisiau iddo bara. Yr ydym yn sôn am eiliad hwy ac eiliad
byrrach gan nad wrth y cloc yr ydym, a bod yn onest, yn
mesur eiliad. Perthyn i brofiad y mae eiliad yn hytrach
nag i amser. Ac nid yw ein clociau ni, bobol gyffredin, yn
ei rannu chwaith. Maent yn rhannu dydd yn oriau ac
oriau'n funudau a munudau'n eiliadau, ond dyna derfyn
eu rhannu. Gadawant bob eiliad yn undod crwn, cyfan, a
phetai amser yn digwydd sefyll, ni allem ni ddweud ym
mha ran o'r eiliad y safodd. Dyna pam y mae eiliad y peth
agosaf i dragwyddoldeb y gwn i amdano. Mae'n gyfan ac
yn anrhanadwy, ac fe ellwch wneud iddo bara cyhyd ag y
cewch lonydd gan eiddigedd y pethau sy'n mynd wrth
gloc.

Yr wyf i wedi byw mewn tri o'r eiliadau hynny. Ni wn
am ba hyd y parhasant, ac ni buaswn yn malio chwaith
oni bai am yr anesmwythyd hwnnw a wyddai y byddai'n
rhaid iddynt ddod i ben rywbryd. Eiliadau a safodd oedd y
rhain, ac a fu lonydd, a phe cawswn i fy ffordd, byddwn
ynddynt byth.

Yn Neau Ffrainc y digwyddodd y cyntaf o'r tri. Yr
oeddwn i, hyd y dydd hwnnw, wedi bod yn siomedig yn
harddwch Ffrainc; rhyw wlad ddigon gwastad a welswn i,
gyda miloedd o erwau poethion, sychion, a hynny o fryn-
iau a welswn yn bridd craciog dan fangoed crimp. Ond y
diwrnod hwnnw yr oeddem wedi mynd ar sgyrsion i
mewn i Brofens. Wedi cerdded strydoedd Arles hynafol a
phendroni a arhosem ni yno i weld yr ymladd teirw y

noson honno ai peidio, dyma ni'n llifo'n ôl i'r ddau fws digon-o-ryfeddod ac yn taranu rownd trofeydd y ffyrdd bach rhwng llethrau'r gwinwydd a'r olewydd nes dod i waelod bryn. A dechrau dringo. Yr oedd hi'n boeth a'r awyr ryw ychydig yn lasach, ddyfnach, nag awyr Cymru. Dal i ddringo, o dro i dro, a chwmwl llwch y tu ôl i'r bws yn cuddio'r olygfa yr oeddem ymhen ychydig i syllu arni o ben y bryn. Yna, fe safodd y bws.

Wrth ddisgyn ohono, nid oeddwn yn disgwyl dim ang-hyffredin. Yr oeddwn yn meddwl mwy am dorri fy syched nag am ryfeddodau. Ond pan euthum i at y wal eirias ym mhen y llechwedd ac edrych i lawr i'r dyffryn, mi ddeliais fy anadl. Ar waelod y dyffryn yr oedd Profens fel yr oeddwn i wedi breuddwydio am Brofens. Yno yr oedd y caeau bychain clòs dan resi o winwydd, ac ynghwsg yn eu canol hen ffermdy dan do teils coch, a'i berllan fel gwregys amdano. Nid oedd olwg o neb byw o'i gwmpas; yr oedd ei deulu'n gorffwys, mae'n siŵr, yng ngwres canol dydd. Mi godais fy llygaid i'r llechweddau, a'u porthi ar y mwswg gwyrddaf a welswn i, a'r graig wynnaf yn ymwthio drwyddo'n bowld. Yr oeddem ym mhentref gwyn Les Baux, a hanner-naddwyd o'r graig, ag iasau hen hanes yn ei strydoedd cysglyd.

Rhyw hanner dychwelyd i'r ugeinfed ganrif a wneuth-um wrth ail-ymuno â'r cwmni a dringo gyda hwy drwy'r pentref. Yr oeddwn am ffoi eto ar y cyfle cyntaf i bensynnu wrthyf fy hun ac i storio Profens yn fy nghof am byth. Yr oedd rhai'n aros yn yr amgueddfa ar fin y ffordd, i fodio creiriau ac arogli hen gyfrol a honnai ddweud stori'r fan. Hwyrach fod y Rhufeiniaid wedi trigo yno; yr oedd hen deuluoedd wedi ciprys amdano; yr oedd wedi

44

ffynnu ac wedi profi peth gogoniant cyn i'r boblogaeth fynd a'i adael i ymfalurio'n dawel yn yr haul. Heddiw nid oes ond cant neu well o bobol yno'n byw, yn hepian yn y cysgodion glas, yn gweini byrddau i'r ymwelwyr bob haf.

Cyn pen dim yr oeddwn eto ar fy mhen fy hun. Mi ddeuthum o hyd i fryncyn creigiog, a wal wen a phalmant wedi'u torri i'w ystlys. Y Rhufeiniaid, heb amheuaeth, onid oedd y pendefigion canoloesol a fu yno'n gallu dynwared yn gyfrwys. Ni wn i am ba hyd y bûm i yno, yn yfed y gogoniant islaw. Na pha sawl gwaith y dywedais dan fy anadl: "Mi fyddaf yma eto cyn mynd yn hen," gan led-wenu'r un pryd wrth annhebygrwydd ei weld byth eto. A'r ochor arall i'r bryncyn gwyrdd hwnnw yr oedd golygfa ymhlith ehangaf y byd. Honno, mi dybiaf, a welodd Van Gogh, gan ei thebyced i waith ei frwsiau gwancus ef. Degau o filltiroedd o Brofens felen, a'r haul canoldirol yn gwthio'i chysgodion prin o dan y cypres-wydd. O'm hôl, ar godiad uwch, yr oedd adfeilion castell yn sefyll yn yr awyr las, a'i ffenestri brau wedi deffro wrth glywed cynifer ieithoedd ein cwmni ni.

Yma, felly, y bu'r eiliad cyntaf o'r tri. Ni wn am ba hyd y parhaodd, ond ni pharhaodd ddigon. Yr oedd y cwmni'n anesmwytho; yr oedd sôn am de, a symud ymlaen i Nîmes. A'r cyfan a gefais i i gofio oedd cyllell bapur ac arni grefftwaith dyrys hen gleddyf Provençal . . .

Bûm mis yn ddiweddarach yr oeddwn yn ninas Berlin. Yno yr oedd popeth yn wahanol. Yr oedd adfeilion yno hefyd—adfeilion ers pum mlynedd, nid pum canrif. Yr oeddwn yng nghanol hanes, nid hanes wedi gwynnu'n braf a mynd yn llwch, ond hanes heb ei sgrifennu eto. Ac yr oedd hi'n aeaf. Eira trwm ambell ddiwrnod, ddiwrnod arall llwch rhew'n rhedeg fel seirff hyd yr heolydd, ac uwchben gymylau llwydion yn rhowlio rhwng agennau a fu'n ffenestri a thrawstiau wedi plygu gan dân a rhydu gan dywydd.

Nid lle i eiliad tragwyddol, meddwn i. Ond yr oeddwn yn nes ato nag a wyddwn.

Y diwrnod olaf, cyn cychwyn yn ôl i Gymru, yr oeddwn yn eistedd yn f'ystafell yn y Seminar. Yr oedd yn fore Sul, ond nid oeddwn wedi trefnu i fynd i'r eglwys. Yr oedd yr eira wedi mynd, a thrwy'r ffenestr mi welwn gymylau gwynion yn uchel mewn awyr las. Yr oedd hi'n heulo'n dyner, a rhyw aderyn yn dweud gair yn rhywle. Yr oedd hi'n debyg i wanwyn.

Allan, meddwn i. Ac mi godais, a mynd. Mi gymerais y llwybr a oedd yn arwain i fforest y Grunewald, llwybr gro, yn crensian yn ddifyr dan draed. Mewn munud yr oeddwn ar fy mhen yn y goedwig, wedi gadael y tai â'r toau crwb, ac yn teimlo'n fychan a thipyn yn unig yng nghanol y pinwydd uchel. Hwyrach mai yma, meddwn i, yr aeth Hansel a Gretel ar goll, cyn eu darganfod gan ysfa greu rhyw storïwr. Ond yr oedd hi'n rhy fore ac yn rhy braf i fynd ar goll. Ac eto, yr oedd yno filltiroedd o binwydd tywyll gyda bonion hirion, main, a chlwstwr glaswyrdd tua'u brig, a'r ddaear oddi tanynt yn feddal gan drwch o nodwyddau cochion. Ymhell, tua'r ddinas, yr oedd sŵn y trên yn mynd o Gaban F'ewyrth Twm i Zehlendorf. Ond yn y dyfnderoedd coediog hynny nid oedd neb ond ambell Almaenwr hir yn mynd â'i gi ar sgawt fore Sul.

Aeth y llwybr â mi ar hyd ymyl y llyn. Yr oeddwn wedi cyfieithu "Krumme Lanke" i mi fy hun fel "Y Llyn

Crwm", gan ei fod yn hir ac yn plygu yn ei ganol. Ond yno'r oedd, yn pelydru'n dawel ac yn llyfu'i draethau, yn felys anymwybodol fod yno Gymro ar ei lan yn chwarae â'i enw. Mi gerddais i'w ben, gan droi'n ôl o bryd i'w gilydd a gweld yr harddwch wedi newid bob tro, a'r dŵr gloyw'n ymgladdu yn y pinwydd duon.

Yn ei ben ger y *café* coed yr oedd pompren, a'r rhisgl o hyd ar ei chanllawiau. Mi oedais sbel ar honno i wylio'r tonnau'n rhedeg ar eu pennau i'r hesg melyn. Yna, cychwyn cerdded yn ôl hyd ochor bellaf y llyn, a'r rhyfeddu'n dechrau fy niffrwytho.

Nid yw'n syn fod tylwyth teg yr Almaenwyr yn fodau mor dywyll, mor sinistr. Lle i fagu pethau felly yw'r fforestydd pîn. Ond pan fo'r haul yn y pinwydd, a'u cysgodion hwy'n gymysg â'r twmpathau ar lawr, mae dyn yn gwenu wrth feddwl am y dychrynfeydd bychain a all fod y tu cefn i'w bonion. Ac mae plant ddigon yn rhoi tro yn y Grunewald ar fore Sul; yr oedd digon yno y bore hwnnw, yn prancio yn eu cotiau bach blewog a'u trywsusau llaes, a minnau'n dotio arnynt yn siarad Almaeneg mor rhugl. Ond mi garaswn gael y llwybr hwnnw i mi fy hun. Yr oeddwn yn loetran ac yn sefyllian i ddisgwyl i bob cig a gwaed fynd o'r golwg. Ond un funud fe'm daliwyd, pan syllais rhwng dwy fedwen arian ar y llyn. Aeth pawb a phopeth arall o'r byd.

Yr oedd darnau o wyneb y llyn yn rhew o hyd; darnau rhew yn torri'n rhydd ac yn troi a throsi'i gilydd ar y dŵr. Ond rhwng y ddwy fedwen arian yr oedd llen o ddŵr clir a'r haul arno. Ac am funud, fe beidiodd yr awel â'i gribo'n grychni mân, ac aeth yn llonydd fel drych. Ac yn y llonyddwch hwnnw mi welais y pîn â'u pennau i lawr, yn

47

crynu y mymryn lleiaf yn awr ac eilwaith gyda chyffwrdd y gwynt neu wib iâr ddŵr. A'm hoelio yno ger y dŵr, yng nghyfaredd dwfn y Grunewald.

Ond nid yn hir. Yr oedd yr haul yn symud ei le, ac yr oedd mwy na cham i'w gerddded yn ôl. Gyda thrafferth y'm tynnais fy hun oddi wrth y ddwy fedwen arian. Yr oedd eiliad Krumme Lanke hefyd ar ben.

Ond yr wyf i'n ddigon sentimental i gredu bod cystal gartref wrth fy nrws ag sydd ym mhellteroedd y ddaear. Wel, nid yn hollol wrth fy nrws.

Yr oeddwn wedi clywed llawer o sôn am Gwm Pennant. Wedi dysgu canmoleg Eifion Wyn iddo ac wedi'i hadrodd lawer gwaith. Ond nid oeddwn wedi bod yno erioed. A phan ddaeth y cyfle i fynd, fe'm harfogais fy hun yn drylwyr a'm rhybuddio fy hun rhag disgwyl dim anghyffredin. Yr wyf wedi credu bob amser mai'r disgwyl mwyaf sy'n siomi fwyaf. Hwyrach mai hynny a achubodd Gwm Pennant i mi.

Ni wn i a yw lleoedd yn hyfrytach ar ddydd Sul. Ond fel Krumme Lanke, ar ddydd Sul yr euthum i Gwm Pennant hefyd. Nid fel pagan y tro hwn, ond rhwng dwy oedfa, a dogn da o foliant y saint mynyddig yn fy ysbryd.

Yr oeddwn wedi cyrraedd y bont sy'n troi i groesi'r afon yn un o'i mannau byrlymus pan drois fy mhen i edrych ar y llechwedd sy'n dringo bob yn graig, fel ochor hen byramid yn mynd â'i ben iddo. Yng nghilfachau'r llechwedd y mae coed ysgafn sydd o bell fel mwg glas yn cyrlio am y creigiau. Mi rythais yn galed ar y llechwedd hwnnw. Yr oeddwn wedi gweld darlun olew ohono, wedi'i beintio'n fedrus gan gyfaill. Yr oedd mynych syllu ar y darlun wedi gwneud y llechwedd a'r bont hefyd yn hen gyfeillion. Ac o'u darganfod hwy mor ddirybudd yma, nid oedd dim amdani ond sefyll i sgwrsio â hwy.

Mi eisteddais dro wrth yr afon. Yr oedd hanner cylch y bont yn gylch cyfan yn y dŵr; yr oedd y mynyddoedd yn las dwfn ac ymhell am ei bod hi'n braf; yr oedd yr eglwys fechan nid nepell i ffwrdd yn glo tangnefeddus i'r darlun olew. Nid oeddwn i'n fodlon ar y darn bach heddwch hwn. Fe roddodd y llechwedd creigiau her, a rhaid oedd ei hateb. I fyny â mi dros y bencydd llithrig rhwng y cerrig mawr, weithiau ar fy mhedwar. Ac eistedd i orffwys yng nghanol rhedyn afradlon diwedd haf, a'u sawr cryf yn fy ngwneud i'n gysglyd. Yr oedd y dyffryn erbyn hyn wedi'i agor oddi tanaf, a'r defaid wedi'u cerfio ar yr eangderau moelion. Mi orweddais yn y tyfiant ac edrych i fyny i'r cymylau. Heddwch, meddwn i, lond enaid.

Ond fe'i torrwyd. Yr ochor arall i'r cwm yr oedd gynnau'n clecian. Euthum yn flin. Yr oedd rhywun yn y tir na allai werthfawrogi Cwm Pennant. Mi ddechreuais eu darlunio i mi fy hun—creaduriaid meingoes mewn brethyn lliwus, bras, a Saesneg mursennaidd ar eu gwefusau, yn glaswenu'n ffiaidd wrth sarnu'n fwriadol Sul Cymru yn y cysegredicaf o'i chymoedd. Yr oedd eisiau'u symud gyda seremoni, heb fod yn rhy dyner ohonynt . . . Ond fe'm ffrwynais fy hun. Wedi'r cwbwl, ni welais mohonynt. Efallai fy mod yn annheg. Y cwmni anesmwyth yn Les Baux, y cerddetwyr ar fin Krumme Lanke, y saethwyr ansabothol yng Nghwm Pennant. Yr oeddynt yn ormes ac yn bryfôc, ond pwy a ŵyr? Hwyrach i'w hymyrryd difeddwl fy nghadw i rhag tybio ar funud

49

ffôl mai fi bioedd lliwiau'r byd a'i ogoniant, a'm hatgoffa, fel y mae'n rhaid atgoffa plentyn, i rannu 'mhethau da. Ond mae'n anodd, anodd maddau iddynt am f'atgoffa mai wrth y cloc, wedi'r cyfan, y mae dynion yn mesur eiliad.

Y Ddannodd

Nid meddwl yr wyf am y boen y mae'r deintydd yn ei
symud trwy fwy o boen. Y faeden sy'n gwarafun bwyd y
dydd a chwsg y nos. Meddwl yr wyf am beth haws cael
ymadael ag ef ond anos ei wella, sef dannodd ffigurol. Pan
euthum i Sir Gaernarfon mi glywais gyfeirio at un poenus
ei sgwrs a'i gwmni fel hyn: "On'd ydi o'n ddannodd?"
Lawer tro wedyn mi glywais alw hwn-a-hwn yn "ddan-
nodd o ddyn". Ac erbyn meddwl mae'n ddisgrifiad
medrus.

Peth sy'n glynu yw'r ddannodd, yn hongian wrth ddyn
er gwaethaf pob ystryw i'w ysgwyd i ffwrdd. Poen sy'n
pwnio'r nerfau, yn blino'r meddwl, yn llesgáu'r
dychymyg. Mae'n rhyfedd meddwl, ond mae pobol sy
felly i'r dim. Mae eu cwmni'n debycach i gwmni'r ddan-
nodd nag i unpeth. Yr un glynu, yr un hongian, yr un
pwnio dolurus. A'r un llesgedd sy'n aros arnoch wedi
iddynt fynd.

Yn ffodus, nid yw pob un ohonynt yr un fath. Yn wir,
nid oes yr un dau yr un fath. Y mae rhyw wahaniaeth
poenus ym mhob un.

Y math sy'n dod gyntaf i'm meddwl yw'r math a ŵyr
bopeth am bopeth. Fe'i cewch y tu ôl i gowntar, gerllaw
pwmp petrol, uwch polisi insiwrans, mewn coler gron.
Nid oes dim nad yw'n awdurdod digwestiwn arno, yn ei
faes ei hun ac yn eich maes chwithau, bid a fo. Mae'n
anffaeledig. Rhyfyg yw amau'i wybodaeth. Camwedd yn
y dosbarth isaf yw ei groesi. Pluen yn eich cap yw ei
ganmol, dim ond ichwi beidio â disgwyl eich canmol
ganddo ef. Ac os bydd ichwi'i holi, fel un yn gwylaidd

geisio goleuni, fe egyr ei stôr a'i blu'n fawrfrydig o'ch blaen. Gellwch ei adnabod wrth ei ystumiau. Os ateb negyddol sydd i'ch cwestiwn, fe sigla'i ben yn araf gan dynnu gwynt drwy geg gron. Os cadarnhaol, fe esyd ei ateb yn ddiwastraff o'ch blaen, gyda chlep ar ei wefus, a saib ddramatig ar ei hôl. Go brin y bydd iddo fentro gwên trwy gydol ei ddoethinebu; eithriad yw iddo wenu; mae'i wybodaeth yn faich na ddygymydd ysgafnder â'i gario. Fe'ch ceidw lle y gall gydio yn llaped eich cot a'ch pwnio yn eich asen wannaf nes blino ar eich wyneb, yna fe'ch gedy heb gymaint â phnawn da pan ddelo'r cwsmer nesaf yn ddigon agos i'w fodio. Ac yn rhyfedd iawn, ei debyg yw ei gas. Nid yw adar o'r unlliw hwn yn hedeg i'r unlle. Ni all rhagor nag un ohonynt anadlu'r un awyr. Os digwydd ichwi trwy amryfusedd sôn wrth un o'r gwybodusion hyn am un arall o'i frid, fe ddywed: "Alla'i mo'i aros o. Mae o'n gwybod gormod. Dannodd o ddyn."

Yr ail fath ar ddannodd yw'r math na ŵyr ddim am ddim. Y mudan dibersonoliaeth sy'n cynnig ei wasanaeth ichwi fel eich cysgod. Fe gewch hwn yn y gegin pan fo'r tecell ar ferwi, wrth eich bwrdd mewn bwyty pan foch ar fin talu, wrth eich ochor mewn bws pan danioch sigaret. Ei hobi yw sgwrsio, ond nid oes ganddo sgwrs. Ebychu'n unig y mae, a'i ymadrodd yn ie, ie, nage, nage. Mae'n chwilio ym mhob tyrfa amdanoch, a'i wyneb yn ym-gracio'n wên lydan pan wêl chwi. Dyma fe, meddai'r wên, dyma fy nghwmni i am heddiw. Ac fe'i gesyd ei hunan mor dynn ynoch fel na all unpeth mwy diddorol ddod rhyngoch ag ef. Mae'n gwylio'ch genau ac yn astudio'ch pob symudiad fel Boswell anllythrennog wrth gwt ei Johnson. Pan holoch ef, ei ateb di-feth yw: "Wn i ddim", "Fedra'i ddim", "Fûm i ddim". Wel, yn enw'r taid, meddech—rhyngoch a chwi eich hun, wrth gwrs— "Gan na wyddost, na fedri, na fuost, nid wyt. Cladder di." Ond nis cleddir. Canys unig ddawn hwn yw'r ddawn i fyw'n ofnadwy o hir. Pan fyddwch chwi wedi mynd o'i gyrraedd a chyrraedd ei fath, bydd ef yma wrth gwt rhywun. Dannodd o ddyn.

Y trydydd math ar ddannodd yw'r storïwr diderfyn. Y brawd a wnaeth argraff gampus arnoch y tro cyntaf y gwelsoch ef. Yr oedd amser i ryw dair stori, a dim mwy. Fe'u dwedodd yn grefftus. Pigion ei gasgliad. Ond yr ail dro . . . Yr oedd wedi'ch cael mewn cornel, hwyrach o flaen llygedyn o dân, ond yn fwy tebyg ar stryd yn disgwyl am fws, a hithau'n bwrw eirlaw oer. Gwelodd chwi o bell. Cofiodd eich gwrandawiad boddhaus y tro o'r blaen. Daeth amdanoch, fel llwynog wedi arogli cwt ieir, ac fel llwynog daeth atoch o'r tu ôl a'ch deffro gydag ergyd nerthol ar eich cefn. "Ddaru chi ddychryn? Hy! Hy! Gwneud imi feddwl am yr hen foi hwnnw . . ." A dyna ddechrau. Stori ar ôl stori ar ôl stori a hithau'n bwrw ac yn bwrw. Chwithau'n llwyddo i roi peth argyhoeddiad yn eich chwerthin cyntaf, a rhywfaint yn yr ail, ond erbyn y bumed a'r chweched stori yr oedd eich chwerthin mor fyr ac mor otomatig, a'ch wyneb mor boenus o'i ddal mewn ystum lawen, nes bod awydd anorthrech ynoch i daro'r storïwr. Ond wele'r bws i achub ei wyneb rhag ei anurddo, a chwithau'n dweud pnawn da gyda mwy o arddeliad nag erioed o'r blaen yn eich bywyd.

Dannodd o'r math pwniol yw'r dadleuwr-rywbryd-rywle. Y mae gor-ddôs o ryw hylif modern yn chwarennau hwn. Mae'n gwbwl ddiffygiol mewn cymhleth taeog.

Nid yn unig y mae'n wastad yn barod i ddadl, mae'n chwilio am ddadl. Ar ddadlau y mae'n byw. I hwn, casgliad o syniadau yw pob dyn, pethau i'w naddu a'u nithio, i'w malu a'u hail-gysylltu. Ac nid oes yr un syniad yn haeddu'i wneud yn argyhoeddiad i ddiodde'n ddistaw er ei fwyn. Hoff nythle'r aderyn hwn yw conglau seti mewn ysgol Sul ac ysgol nos. Nid yw'n hoff o bregeth, gan nad oes cyfle i ddadlau â'r pregethwr. A'i hoff ysglyfaeth yw pregethwr. Mae cestyll pregethwr yn uwch a'u cwymp yn fwy pan syrthiant. Ac mae pregethwr yn haws ei gynhyrfu am ei fod yn teimlo'n ddwysach ar ei bwnc. Hunan-ddiwylliedig yw'r dadleuwr fel rheol, darllenwr ysol, o fewn dim i ddeall yr hyn y mae'n ei ddarllen. Mae'n cofio hefyd. A'i hoff ddull o gynhyrfu dadl yw taflu dyfyniad pryfoclyd i'r llyn, ac eistedd yn ôl gyda llygaid bychain i wylio'r effaith. Yna, wedi i'r mwyaf uniongred yn y cwmni brotestio'n gignoeth yn erbyn bodolaeth y fath ddyfyniad, fe ddring y dadleuwr i gefn ei geffyl uchel a dechrau sbarduno. Os bydd iddo gario'r dydd, fe wena'n ffeind a dweud yn dadol fod yn rhydd i bawb ei farn. Os digwydd iddo golli, a'i lorio gan finiocach meddwl, mae ganddo wên gam sy'n dweud: "Wel, mae yna ateb i hyn'na hefyd, ond fe'i gadawn hi yn y fan yna heddiw."

Dannodd o fath mwy dolurus yw'r unawdydd heb ennill saith-a-chwech o'r blaen. Nid yw eto wedi darganfod cân i'w siwtio na beirniad i'w ddeall. Mae pob gallu wedi uno i'w gadw o gyrraedd yr her unawd. A brawd cyfan iddo yw'r bardd a chanddo'i sustem gynghanedd ei hun, sy'n methu deall paham na chafodd y gadair yn y Glyn. Wrth y glust y mae wedi dysgu'r gynghanedd—mae llawer gormod o gyboli hefo llyfrau, maen' nhw'n sychu ffrydiau barddas. Eisteddfodwr neu beidio, rhaid ichwi wrando ar y rhain. "Welwch chi rywbeth o'i le ar yr englyn yma?" "Welwch chi ryw synnwyr mewn canu'r llinell yma'n *pianissimo*?" Na welwch, wrth gwrs. Mae'n foesol iawn ichwi gytuno â'r anffodusion hyn gan na ellwch trwy feirniadaeth wella dim ar eu hymdrechion. Cystadlu a wnânt, a cholli, a chael cam tra byddant byw. Ac anfedrused yw beirniaid Cymru yn eu gwaith, ni ellwch chwi newid dim arnynt.

A chefnder i'r cystadleuwyr anffodus yw'r galarwr anochel. Hwn yw'r truan sy'n ymlusgo o wrandawr i wrandawr gan ofyn, "Pam y mae popeth yn digwydd i mi?" Hwn sy'n agor ei geg ichwi weld lle y rhwygodd y deintydd ei dafod, yn datod y cadachau ichwi weld yr archoll bitw ar ei law. Yn ei dŷ ef y bydd y trydan yn ffiwsio pan gaiff drydan o gwbl. Yn ei ardd ef y bydd y pryfed yn difa'r moron os gedy'r hin iddynt dyfu. Os bydd y frech goch o gwmpas mae'r cyfaill yn siŵr ohoni. A hyd yn oed oni bydd o gwmpas, fe'i caiff yr un fath. Mae'r nen yn gwgu arno. Pan fo'n heulo ar bawb arall caiff ef gawod o law iddo'i hun. Pan fo tynerwch y gwanwyn yn y gwynt mae ef yn crynu mewn cruglwyth o gotiau. A'r hyn a ddyry iddo ef nodweddion dannodd yw ei argyhoeddiad fod pawb wedi'i greu i rannu'i feichiau ef. Gan hynny, nid oes dianc rhagddo.

Y maent yn niferus, llateion y ddannodd ddynol. Yr un glynu, yr un hongian anochel wrthych. Ac wedi'u myned, y mae'ch genau'n ddolurus fel y bydd wedi'r ddannodd, gan ei dal mewn gwên yng nghwmni un ac mewn gwg yng nghwmni'r llall, gan siarad y cyfan neu gan ei chau'n dynn rhag dweud dim. Gwŷr sy'n ymgorfforiad byw o boen a blinder. Ond y mae gennyf ddamcaniaeth. Damcaniaeth sy'n lleddfu fy llid ac yn swilio tipyn arnaf. A'r ddamcaniaeth yw bod pawb yn ddannodd i rywun.

Y noson o'r blaen yr oeddwn mewn tŷ. O'r funud gyntaf mi wyddwn fy mod yno ar awr anniddan. Ni welais wên, ni chlywais neb yn fy ngwahodd i eistedd. Ond eistedd a wneuthum, ac ni wnaeth hynny bethau ddim gwell. Gelwais sylw amserol at y tywydd. O'u cael i gyd-weld, mentrais wneud gosodiad neu ddau go ysgubol ar arwyddion tywydd. Fe'm cefais fy hun yn llefaru'n oraclaidd, a thewais. Yna, mi ddywedais stori, a rhag ofn bod honno'n un sâl, dywedais un arall. Dim gwên. Ceisio codi dadl wedyn, trwy ddweud peth pryfoclyd i'r eithaf. Ond ni bu dadl. Cofiais am y glanhau gwanwynol yn y tŷ acw, a dechrau rhedeg i lawr ar yr arferiad anfad hwnnw. Ni thyciai ddim. Ac o'r diwedd mi dewais, a syllu'n giaidd i'r tân. A thawodd pawb oll. Am bum munud hir ni syflodd ac ni lefarodd neb. Ac yn y diwedd mi godais, ac wedi ysgwyd nifer o ddwylo llaith, llipa, ymlwybro tua'r drws ac ymadael. Ac wrth gau'r drws ar fy ôl bron na chlywn un llais yn dweud wrth un arall: "On'd oedd o'n ddannodd?"

Dyn yw Dyn

Dyna'r peth sy'n taro dyn wedi'r cyfan i gyd. Er crwydro dros dir a môr a chwrdd â du a gwyn a melyn, rhaid i ddyn gydnabod bod yr hyn sydd yn ei gorff a'i ben a'i galon ef ym mhob dyn arall hefyd. Mae hynny'n siomi dyn braidd. Mae'n hiraethu am fynd dan lasach nen, ac yn breudd-wydio bod popeth yno'n wyrthiol o wahanol, bod pobol yno naill ai'n gythreuliaid neu'n angylion a'u tai'n balasau neu'n gytiau moch. Ond wedi mynd i'r yno pell, maent yr un fath yn union, ond bod iaith wahanol ar eu gwefus a rhyw ffordd newydd o gyflawni'r un hen bechodau. Mae dynion yn bwyta yn Ffrainc. Maent yn meddwi yn yr Almaen. Maent yn mynd i'r ysgol yn Sweden. Yn caru yn Nenmarc. Nid oes dim newydd dan yr haul. Dim gwahaniaeth rhwng natur dyn a natur dyn.

Eto, mae gweld yr un hen wendidau mewn lliwiau newydd a chlywed y cynefin seboni a bygwth mewn anghynefin iaith ymron yn troi'r diflas yn flasus. Daeth rhai ataf fwy nag unwaith i wneud argraff dda, ac wedi'i gwneud erfyn am arian i brynu bwyd neu bleser. Gofyn, wrth gwrs, mewn Cymraeg croyw. Nid oedd dim rham-ant yn y gofyn. Ofnaf fod llai yn y rhoi. Yr oedd yr iaith yn rhy hysbys a'r tŷ a'r tywydd yn rhy fel-arfer i wneud y peth yn werth ei gofio. Ond mi gefais y cais o dan awyr lasach na hon.

Yn Neau Ffrainc yr oeddwn, ar fy ffordd i swper rhwng Sais a llanc du o'r Traeth Aur. Ar y ffordd fe ddatododd carrai f'esgid; mi blygais i'w chau; aeth y ddau arall ymlaen. Pan godais o'm plyg yr oedd dau ddieithr yn sefyll yn f'ymyl. Dau lychlyd eu gwisg, a barf ifanc ar gernau pob un. Yr oeddynt yn edrych arnaf ac yr oedd yn dechrau tywyllu. Yr oeddynt yn gofyn rhywbeth, ac nid oedd fy nhipyn Ffrangeg i'n ddigon cyflym i'w deall. Mi glywais y gair "monnaie", a chasglu mai arian oedd y boen. Nid oedd gennyf ond gweddill fy lwfans, ac yr oedd eto rai dyddiau cyn dychwelyd i Gymru.

"Je suis un étranger," meddwn, yn gloff.

Dim trugaredd.

"Quel pays?"

"Le Pays de Galles."

"Ah! L'Angleterre—"

"Non. C'est tout à fait différent—"

"Ah, oui. Oui."

Yr oeddynt yn gwybod am Gymru'n dda. Wedi bod yno droeon yn gwerthu nionod. Dau Lydawr ar dramp, ac wedi cael mai Cymro oeddwn yr oeddynt yn gyfeillion brwd imi. Mwya'n y byd o reswm pam y dylwn i ddiwallu'u hanghenion. Ond ni chafodd yr ychydig ffranciau bychain a aeth i'w dwylo ryw lawer o groeso rywsut. Begera. Ond begera dan awyr is-drofannol rhwng muriau Montpellier hen lle chwyth y Mistral.

Ac nid dyna'r unig fegera. Y mae begera sy wedi'i wisgo yn rhith masnachu. Yr oedd yn dechrau nosi eto, yn y gaeaf y tro hwn, a chymylau eira'n drymion uwch dinas Berlin. Minnau'n llusgo fy nhraed wrth ochor cydymaith o Sais, wedi cerdded strydoedd y Sector Rwsiaidd drwy'r dydd, ac wedi blino. Yr oeddem wedi cyfnewid ein harian bron i gyd am arian y Sector Rwsiaidd, a rhaid oedd ei newid yn ôl cyn gallu prynu dim yn y rhan lle'r oedd ein trigias ni. Holi am gyfnewidfa. Clywed bod un yn Zehlendorf, a'i bod yn cau am bedwar o'r gloch. Cerdded nerth ein traed dolurus a gweld y gyfnewidfa ar y palmant. Mynd ati, a chael y drysau dan glo. Yr oedd yn bum munud wedi pedwar. Ac o'r gwyll daeth saith neu wyth o wŷr â'u hetiau'n isel dros eu llygaid, a llefain fel brain ar ein holau:

"Wollen Sie wechseln? Wollen Sie wechseln?"

Fe'u gadawsom â'u waledau tewion yn eu dwylo a'u haeliau ymhleth. Buasent wedi newid ein harian ond buasai'r talu'n ddrud. Yr oedd yn well gennym fod heb ddim na chyda llai. Trychineb fyddai mentro'n diniweidrwydd ar y farchnad ddu. Yng Nghymru buasai'r sefyllfa'n boen. Yr oedd yn antur dan awyr rew Berlin.

Yr wyf yn siŵr mai dyn yw dyn. Nid wyf mor siŵr mai plisman yw plisman. Yng Nghymru ac yn Lloegr yr ydym yn hen gynefin â'r "gwas glas ei glog" yn rhodianna'n dalsyth o ben stryd i ben stryd, yn sefyll fel craig ar groesffyrdd a'r traffig enfawr ar gledr ei faneg wen. Hardd ei wedd, cyfaill plant bychain. Un yn gwrando'n amyneddgar bob cwestiyna ffôl, ac yn peri i Lundain sefyll tra bo'n ateb yr ynfyd. Tŵr glas mewn tyrfa, un heb hanes na thŷ na theulu, yn gwarchod heddwch heb erfyn i'w law—i bob golwg, beth bynnag—yn tawelu pob hysteria merchetaidd â'i hamddenoldeb.

Mi fûm yn Ffrainc am sbel heb weld ei phlismyn. Rhyfedd iawn, meddwn i, na fuasai yma wŷr i warchod cyfraith—os oes gan Ffrainc gyfraith. Ond cyn hir fe'u gwelais. Yr oeddynt o'm cwmpas, wedi bod o'm cwmpas o'r dechrau. A minnau'n tybio mai dynion sinema oeddynt. Dynion bychain, eiddil, mewn lifrai llwyd wedi pylu gan dywydd a chap pig blinedig. Nid sefyll syth, plismanaidd, ond rhyw bwyso'n llipa ar un goes, ac aml ddylyfu

59

gên, fel dynion yn gweld yr amser yn hir cyn eu gollwng
o'r ffôrs. Pistol wrth ystlys pob un, a hwnnw i bob golwg
wedi mynd yn angof. Os cofiaf yn dda, yr oeddynt yn
smygu hefyd, pan allent lusgo'u dwylo tyner o'r tu ôl
iddynt. Rhoent ambell funud o sylw i'r traffig pan
gofient, ond yn amlach yr oedd Paris yn mynd heibio
iddynt fel corwynt, a hwythau ar goll mewn myfyrdod
athronyddol. Mi fûm yn dyfalu mai twyll oedd y
lliprwydd hwn i gyd, a phetai terfysg neu dor-cyfraith yr
ymsythai'r *gendarmerie* llac fel un gŵr ac y byddai pob
gwn o'r gwregys a thanio a malu o'r radd flaenaf. Ond mi
fûm yn dyfalu hefyd fod Ffrainc ar y blaen i Brydain a'i
bod wedi goroesi'r ddyfais o blisman, bod ei phlismyn yn
gwybod hynny ac yn disgwyl dydd eu diswyddo mewn
cywilydd llwyd.

Os yw plismyn Ffrainc yn tynnu at derfyn eu dydd,
newydd ei ddechrau y mae plismyn yr Almaen Goch. Yr
oeddwn wedi clywed cyn mynd i'r Almaen am y *Wehrmacht*
a'r *Volkpolizei*, ta beth yw'r gwahaniaeth rhyngddynt.
Wedi cael yr argraff mai creadigaeth go ddychrynllyd
oeddynt, gwŷr main eu llygad, tynn eu gwefl, a'u dwylo'n
ysu'n feunyddiol am wddf neu forddwyd. Fe'm siomwyd.
O'r ochor orau, mae'n wir, er y buasai ias ddymunol o
frolio imi fod o fewn troedfedd i heddlu creulonaf y byd.
Mi fûm o fewn troedfedd iddynt fwy nag unwaith. Ar y
ffordd i weld drama yr oeddwn, gyda chyfaill o Almaenwr,
a gwneud peth ynfyd iawn. Yr oedd gennyf ryw ddwy
frawddeg o Almaeneg, ac mi ddefnyddiais un ohonynt i
holi'r ffordd, a holi dau blisman. Yr oedd i dramorwr
ofyn cwestiwn gyda'i acen drom yn unman yn y Rhan-
barth Rwsiaidd yn beryglus. Yr oedd iddo ofyn i blisman

60

yn hunanladdiad. Dylaswn fod wedi 'nghipio yn y fan a'r lle i gell dywyll, damp, a'm newynu a'm croesholi. Ond yr oedd y *Volkpolizei* dychrynllyd mor ddihitio, deallasant fy nghwestiwn heb gymryd sylw o'm hacen, ac ymhellach, ni allent gyfeirio'n ffordd ac yr oeddynt yn falch o hynny. Troesant drachefn i gnoi da-da ar ei gilydd.

Noson arall aethom i'r Operdy Gwladwriaethol. *Die Entführung* Mozart oedd yr opera, darn o ddiwylliant Almaenig gydag uchelwyr yn brif gymeriadau, a ddylasai, mewn gwladwriaeth gomiwnyddol, fod naill ai wedi'i sensro i gynnwys dim ond gwerin neu wedi'i alltudio o'r llwyfan. Ond yr oedd yno o'n blaenau yn ei gyfanrwydd cysefin, hardd. Ym mhlith y cwmni Bohemaidd lliwus a barfog yn y *foyer* yr oedd dyn mawr mewn lifrai las fedalog, a mwstas digamsyniol. Gogwyddodd fy nghyfaill o Almaenwr ei ben a sibrwd yn ofnadwy o gyfrinachol rhwng ei ddannedd: "Swyddog yn y Wehrmacht". Sleif-iais innau heibio iddo ar flaenau fy nhraed a'm hanadl wedi peidio, yn groen gŵydd drosof i gyd rhag iddo gydio yn fy ngholer a'm cipio i bellafoedd Siberia. Ond wedi mynd yn ddigon pell mi feiddiais edrych yn ôl dros f'ysgwydd. Gwelais y mwstas yn ymrannu'n osgeiddig a rhuad o chwerthin braf yn rhowlio allan rhwng dannedd gwynion iawn. Hen foi clên? Wn i ddim. Ac ni chaf wybod byth. Ond mi gefais i ddyddiau gwych fel ysbïwr o Gymro o dan drwyn y Wehrmacht.

Nid wyf mor siŵr mai plisman yw plisman. Ac nid wyf mor siŵr mai gweinidog yw gweinidog chwaith. Nid pethau duon a'u cymalau wedi'u cloi mewn stiffrwydd a'u geiriau mewn geiriaduron yw gweinidogion y Cyfandir. Dichon fod ganddynt yr un ffydd a'r un

61

bedydd, ond nid oes ganddynt yr un difrifoldeb. Nid nad ydynt o ddifrif. Peth cyffredin yw i ddau weinidog yn yr Almaen godi ar eu traed a dyrnu'r bwrdd a bygwth dyrnu'i gilydd. Maent cyn ddifrifed â hynny. Ond rywsut, maent yn gallu diosg y difrifwch wedi'r cweryl, heb ddiosg eu hurddas.

Mae'n anos cymryd gweinidogion fel dosbarth na phlismyn. Y mae yng Nghymru weinidogion sy'n gwisgo'n garpiog neu'n glownaidd mewn gwrthryfel yn erbyn y parchus ddu. Ac mae ar y Cyfandir weinidogion nad ydynt yn bodloni ar siwt o lwyd Annibynnol neu ddu Methodistaidd, ond yn chwifio gŵn llaes ar y Sul gyda bandiau Genefa wrth eu gwddf. Ond nid ydynt byth yn gwisgo'r goler gron onid ydynt yn Babyddion. 'Rwy'n cofio gweinidog Sgotaidd yn dweud wrth offeiriad ifanc o Eglwys Loegr ar ymweliad â'r Almaen: "Peidiwch â gwisgo'r goler gron yma. Fe fyddan' yn meddwl mai Jeswit ydych."

Ond yng Nghymru y mae gwahaniaeth rhwng ha-ha gweinidog a ha-ha pawb arall. Chwerthin wedi'i fesur ydyw, a'i amseru, a'i derfynu cyn ei redeg ei hun allan. Nid felly'r gweinidogion dros y dŵr. Dichon mai am eu bod yn wŷr glwth ac yn yfwyr gwin, ac nad oes ganddynt felly yr un gafael ar eu hwylo a'u chwerthin. Ond mae ganddynt lawn cystal gafael ar eu praidd.

Ni wn i fawr am weinidogion Lloegr a Sgotland yn eu cartrefi. Ond fe'u gwelais yn Neau Ffrainc yn ceisio dynwared ymddwyn gweinidogion y Cyfandir, ac yn dweud wrth wneud y peth hwn a'r peth arall: "Peidiwch â dweud wrth yr henaduriaeth gartref." Ei ddweud yn gellweirus, wrth gwrs. Ond yr oedd hyd yn oed y cellwair

yn dweud wrthyf fi nad felly y buasent gartref. Yr oedd y
Pasteur Mobbs o'r Swistir yn brasgamu o gwmpas y dref
mewn trywsus ynfyd o fyr, yn mynd i'r môr yn beryglus
noeth ac yn chwerthin yn anghymedrol o hir. Ond yr
oedd yn gallu gweddïo'n fythgofiadwy pan oedd y cys-
godion yn ymestyn a'r haul yn mynd i'r Môr Canoldir. O'i
weld, fe aeth y gweinidogion Seisnig a Sgotaidd i drws-
usau byrion a cheisio dynwared yr ysgafnder Mobbaidd.
Ond nid anghofiasant am funud frawddegu'n fanwl a
sbïo'n ddoeth. Y tu ôl i'w pennau academaidd yr oedd
sibrwd: "Beth petai Wilkinson y penblaenor neu Miss
Caird yr organyddes yn fy ngweld i'n awr?" Yr oedd
Mobbs ar ei wyliau yr un â Mobbs gartref, ac nid oedd yn
ymdrech iddo ef weddïo mewn trywsus cwta a dadlau
pwnc o ddiwinyddiaeth rhwng dau bwl o chwerthin
direol.

A'i debyg oedd y Pastor Schultz a'r Pastor Bethge.
Dynion cyn anferthed â Mobbs, a'u cyrff bolgrwn yn
ysgwyd gan ruthr chwerthin ac argyhoeddiad. Blêr eu
cam a'u coler oeddynt hwy, heb barch i gystrawen ond yn
y pulpud, a heb hidio ffeuen yn neb. Ond yn ddwfn o dan
y direidi yr oedd gwythïen arall. Nid parchedigion wedi'u
syrio a'u dandwn oeddynt, ond gwŷr wedi'u troi o'u
heglwysi i chwysu mewn ffatrïoedd, wedi bod yn edwino
yng ngwersylloedd carchar Hitler. Gwŷr wedi dibrisio'u
cyrff a'u cysur, wedi dysgu bod yr hwn sy'n lladd yr enaid
yn beryclach na'r hwn sy'n lladd y corff. Wrth herio'u
llywodraeth a barn gyhoeddus fe aeth eu hewyllys yn
ddur na allai tân ei ystumio; aeth garwedd i'w gwaed.

Ond er bod gwahaniaeth rhyngddynt a'n gweinidogion
ni, gwahaniaeth sefyllfa a thraddodiad ydyw, nid gwahan-

63

iaeth dyndod. Pregethu yw gorhoffedd y Cymro yn ei goler gron fel y Pasteur Swis yn llewys ei grys ddyddgwaith ac yn ei ŵn a'i fandiau Genefa fore Sul. Ac efallai mai'r un galon sy'n curo dan ffurfwisg las heddwas Llundain â than lifrai lwydaidd heddwas Paris, ond bod y ddwy ddinas yn disgwyl gwahanol gan eu plismyn. Rhaid i'r ddau fwyta, mae'r ddau'n chwerthin, ac mae i bob un ryw ffolineb dinod. A chadw gwardd ar ffyliaid yw diben plisman, p'le bynnag y bo.

Rhaid imi ddod yn ôl at fy syndod cyntaf. Y syndod fod pawb mor debyg. A phed elwn ymhellach nag y bûm i erioed o'r blaen, a chymryd fy ngwyliau Awst nesaf yn y Congo, mae'n debyg y down yn ôl wedi 'ngweld fy hunan yno wrth y miloedd, ond bod fy nghroen yn ddu.

Mudo

Flwyddyn yn ôl ni wyddwn i ddim am fudo. Yr oedd y gair yn ddigon i'm dychryn, yn enwedig am y byddai'n rhaid imi'i roi mewn grym cyn bo hir. Yr oeddwn i dan yr argraff mai cybolfa erchyll oedd mudo, rhyw ddiwreiddio difaol fel deg glanhau gwanwynol wedi'u gwasgu'n un. Ac am a wn i nad oeddwn i'n iawn.

Ers hynny yr wyf wedi mudo. Ac er nad yw'r gair yn ddychryn imi mwyach, ni allaf ddweud bod fy meddyliau ddim hyfrytach wrth fyfyrio arno. Cybolfa ydyw o hyd, a diwreiddio difaol, a phan ddêl dyn drosto, a dechrau gwybod ymh'le y mae'i bethau a dechrau cael ei stafell-oedd yn glyd ac yn gytbwys, mae'n amser mudo drachefn. Ac er fy mod i bellach wedi cael peth profiad yn y gorchwyl anhyfryd, nid wyf yn meddwl, petai'n rhaid imi fudo eto yfory nesaf, y byddwn i ronyn medrusach yn y gwaith.

Ped wynebid fi ar godi bore yfory â'r dasg o symud pob dodrefnyn anhydrin o'r tŷ hwn a'u trawsblannu'n dwt i dŷ arall mewn ardal ddieithr, swm fy ymdrechion i fyddai cnoi f'ewinedd gan symud llygaid diobaith o biano i gwpwrdd ac o garped i gloc. Ac wedi alaru ar anobeithio, taro fy het a mynd i chwilio am rywun mwy cysurus yng ngorchwylion y byd hwn. Mae'n wir imi fod unwaith o'r blaen yng nghanol stŵr a styrbans mudo, ond yr oeddwn yn rhy ifanc ar y pryd i elwa dim arno, mewn ffordd o dechneg, beth bynnag. Ac erbyn heddiw fe ddiflannodd popeth ond atgof ddigon sentimental am gloi'r drws a'r daith anghysurus mewn trol i fyny'r rhiw tua'r diffeith-wch. Tri neu bedwar ohonom, yn dwr cwmanog yng

nghôl y dodrefn, yn syrthio y naill ar wddf y llall gan
anwastated y ffordd, a'n hwynebau'n frith gan lwch a
gwe pry' copyn. Nid oeddem yn ddigon lliwgar i fod yn
sipsiwn, ac nid oedd gennym ymffrost digywilydd
myfyrwyr ar ddiwrnod rag. Yr oeddem wedi'n dal mewn
act lechwraidd y crefem ar ddail y perthi a llwch y ffordd
i'w chuddio rhag y llygaid a fyn weld pob anurddasol.

Diau mai felly y mae pob mudo. Yn frysiog, yn lladrad-
aidd, yn gymhleth o emosiynau fel cywilydd a nostalgia a
phryder-am-y-llestri-te a dig. Cywilydd am mai peth
braidd yn gywilyddus ydyw. Y mae cartref ar daith yn
ddrama, ond yn ddrama anarwrol. Y mae yna drasiedi, pa
un a yw'r symud o fans i fwthyn neu o dŷ-a-siambar i
fansiwn, a pha un a symudir mewn trol honciog neu
mewn men goch ac ysgrifen danlli arni. Y mae'r anffod-
usion wedi gweld ffolineb byw mewn un tŷ ac yn arddel
hynny'n gyhoeddus trwy ei adael.

Y mae yna nostalgia, wrth gwrs. Fel y gwêl truan ar
foddi, meddant hwy, ei holl orffennol o flaen ei lygaid,
felly y gwêl mudwr wrth gloi drws ei dŷ droeon trwstan a
throeon rhamantus ei flynyddoedd yno. Dros y rhiniog
hwn y cariodd ef ei briodferch i'r tŷ a baglu dros y mat.
Acw, wrth y ffenestr, y cyhoeddodd Alis a Wil eu dywedd-
ïo, a'r teulu'n fud gan eu hanghymeradwyaeth o Wil.
Acw, â'i gefn at y tân, y safodd Ifan y pnawn cyn iddo
hwylio i'r America, a sigâr Hafana eisoes yn ei geg. Cloi'r
drws, a throi, a llusgo traed i lawr llwybyr yr ardd, a'r
gro'n crensian fel y crensiodd dan draed y plisman a
ddaeth i gyhoeddi'r symans am brinder blacowt. Yma,
wrth y giât dan y pren bocs, y daliwyd Mari'n caru a
hithau eto yn ei dillad ysgol, ac y digiodd pawb . . .

Dig. Maent yn siarad i lawr y ffordd. Mae llenni'r stryd yn llawn o lygaid Cymreig busneslyd yn dyfalu paham y mudo. Ai wedi torri y mae ai wedi dod i gyfoeth? Pa ffyrm sy'n mynd â'i bethau? I b'le y mae'n mynd? Pwy sy'n dod i'r tŷ yn ei le? Pe gallwn i roi bwrdd neu gadair neu gloc-wyth-niwrnod ar gefn perchen pob pâr o lygaid, buan y byddai'r mudo drosodd ac yn rhad. A buan y peidiai'r tafodau. Pe bawn i wedi meddwl mudo pan fyddai'r pentre'n anghyfannedd, ar ddiwrnod marchnad neu ddiwrnod trip ysgol Sul . . . Neu pe bawn i'n peidio â mudo o gwbwl . . .

Ac y mae rhai na fudant o gwbwl tra byddant. Nid oes dim, na hyd yn oed arian Sais, a all eu cymell i gloi'r drws a mynd. A dyna gartref. Y mae'u cyrff hwy'n gymaint rhan o'r lle â'r ffenestri neu'r mangoed yn yr ardd. Ac fe ddichon bod yn haws symud o un o dai'r cyngor nag o ffermdy lle y mae clocsiau tadau a theidiau wedi gwisgo cerrig y buarth. Fe ellwch symud o dŷ cyngor yn Llanloyw i dŷ cyngor o'r unrhyw ddelw yn Llanddisglair, ond un ffermdy sydd o'i fath. Y mae iddo'i nodau a'i dolciau. Y mae iddo'i bant a'i lechwedd a'i garreg ateb, ac nid oes athrylith o bensaer a'i hailgreo byth. Ac unwaith y teifl ei swyn am gyneddfau araf ei ddeiliaid, yno y byddant. Fe'i gweithiant fel na yrr tlodi mohonynt i fudo, ac fe'i gweithiant nes darfod eu holaf o'r tir.

Fe all y rhai sy'n caru newid golygfa a newid tŷ edliw i'r sefydlogion difudo eu diffyg menter. Dannod iddynt fod arnynt ofn anadlu awyr newydd a'u bod wedi'u cadwyno wrth le fel pansi wrth ffedog ei fam. Ond mae gan y sefydlogion ateb hefyd. Bod cadernid mynydd yn rheitiach rhinwedd mewn dyn na llifo parhaus afon. Os oes ffresni mewn afon, nid oes dim dal arni. Araf eu hateb yw tyddynwyr y pridd, ond pan ddêl mae'n torri i'r byw. Mae'u dirmyg yn finiog tuag at hoen sipsiynaidd pobol y tai cyngor a'r mansiau a'r anheddau brics. Y mae rhywun yn gadael y rheini ac yn dod iddynt bob dydd. Nid oes ddiwrnod yng Nghymru nad oes men fudo ac arni ryw liw-tynnu-sylw tanbeitiach na'i gilydd yn canu'i chorn wrth ryw ddrws ffrynt. Bob dydd y mae rhyw weinidog yn crafu'i ben yng nghanol ei lyfrau, yn methu'n lân â deall sut y tyfodd eu nifer â'r fath gyflymder comedol. Yn rhywle arall y mae Miss Williams-Williams yn suo fel gwenynen alltud o gwmpas y cludwyr, a thinc pob un o gwpanau ei nain a chlonc pob siwg bridd yn llafn yn ei chalon. Yn y pentref nesaf mae John Jôs wedi gadael y cyfan i'r fandaliaid ac wedi mynd i eistedd am y tro olaf dan ei hoff goeden afalau yng ngwaelod yr ardd, ac yn tynnu am ei fywyd yn ei bibell.

A rhyw ddiwrnod mi fyddaf innau, gan nad wyf nac amaethwr na sefydlog, yn ffwdanu o dŷ brics i dŷ brics. Wedi cael popeth i drefn yn y tŷ hwn—cael darlun ar y wal acw, cael carped newydd i'r eisteddfa, peintio hwn yn wyrdd a hwnacw'n felyn, a rhoi fy llyfrau i gyd lle y gallaf roi fy llaw arnynt—wedi gwneud hyn i gyd, bydd yn amser i minnau fynd. Bydd llenni ffenestri'r strydoedd yn symud gan bennau chwilfrydig, a'm cyfansoddiad yn ffwrnais o gywilydd a nostalgia a dig. Bydd popeth yn sang-di-fang, a minnau yn llewys fy nghrys rhwng y tomennydd fel brân wedi torri'i nyth. Ac mae'n sicr, pan af yn f'anobaith i wneud cwpanaid o de, y bydd hyd yn oed y tecelli wedi'u pacio.

Y Sais

Yr wyf ar fin amharchu confensiwn. Y mae'n gonfensiwn mewn llenyddiaeth Gymraeg i beidio â sgrifennu am y Saeson, i beidio â sgrifennu amdanynt yn wrthrychol, ddadansoddol, o leiaf, ac yn sicir ddigon, i beidio â sgrifennu amdanynt gydag unrhyw fesur o wawd. Caiff Saeson sgrifennu a fynnant am Gymry, a Chymry am Gymry, ond gocheled Cymro rhag rhoi'r Sais mewn du a gwyn. Dyna'r confensiwn. Ond gan nad yw cenhedloedd eraill yn ei barchu, ni wnaf innau. Ysgrifennodd un beiddgar ei bluen lyfr: "Y Saeson—a ydynt ddynol?" A'r Saeson, wrth gwrs, oedd ei ddarllenwyr eiddgaraf.

Mi wn fod da a drwg ym mhob cenedl. Y mae da a drwg ym mhlith y Cymry, ysywaeth. Ond nid wyf fi am sôn am y drwg na'r da. Nid wyf am sôn am y Saeson ehangfryd sy'n dysgu Ffrangeg yn Ffrainc a Chymraeg yng Nghymru ac yn ymdoddi'n ystwyth i fywyd gwlad eu mabwysiad. Nid wyf am sôn chwaith am dyddynnwr distadl a di-ddiwylliant Lloegr sy'n yfed ei fir ac yn betio ar ei geffyl, heb fyd ond ei fro a'i bapur. Yr wyf am sôn am y Sais cyhoeddus, yr un a welais i dros y môr ac yng Nghymru, sy'n aros yn Sais beth bynnag fo'r gost.

Pan fyddaf yn fy hwyliau gorau, ac mae barn dyn yn siglo ar ei hwyliau, yr wyf yn edmygydd adolesennaidd bron o'r Saeson. Wedi'r cyfan, hwy a roddodd iaith i Shakespeare a llygad i Drake. Ni allasai Elisabeth reoli ond o Lundain ac ni allasai Johnson siarad ond Saesneg. Cenedl i'w hedmygu ydynt, ac ni byddwn ond cibddall wrth beidio. Ond gall ysblander ei chedyrn ein dallu rhag gweld gyfynged eu cylch. Maent yn fedrusach gyda'r pin

na chyda'r brws, a chyda'r cledd na chyda'r ffidil. Gall-
odd yr Almaen roi Goethe ond ni allodd Lloegr roi
Beethoven. Gallodd yr Eidal roi Dante ond ni allodd
Lloegr roi Titian. Chwarae teg. Ie, chwarae teg. Ond pe
dywedwn i a ddywedais yn awr wrth Sais, buasai'n dweud
wrthyf—o'i nerthu gan ddim ond gwydraid o hopys
Caint—"Y mae gennym Elgar a Hogarth." Hyd yn oed os
oes ganddo'r gallu i gymharu, ac 'rwy'n amau cymaint,
nid oes ganddo'r gallu i golli.

Milwyr, morwyr, beirdd, actorion, penseiri. Fe
wnaethant yn dda. Ac nid wyf wedi enwi mo'r hanner.
Ond O!'r moliant. Mae'n beth teg mewn cenedl ganmol
ei chewri ar gerdd dant a cherdd dafod, ar lên ac ar
lwyfan, ond pan êl y moliant i waed ei gwerin nes bod pob
beirniadu arnynt yn treisio'i chlust, aeth y moli'n addoli.
Pan oedd beirdd uchelwyr Cymru'n gwyngalchu'u nodd-
wyr i ennill eu bara, yr oeddynt, bid sicir, mor fyw i
wendidau'u noddwyr â neb. Ac nid oes neb heddiw mor
feirniadol o saint ac arwyr Cymru â sgrifenwyr Cymru.
Bu Shakespeare felly. Yr oedd ef yn ddigon mawr i edrych
i lawr ar fawrion ei bobl ac yn ddigon dewr i'w gwneud
yn gig a gwaed. Fe gollodd ei genedl ei ansawdd ef.
Heddiw ni feiddiai neb sefyll wrth droed colofn Nelson
ar sgwâr Trafalgar a thynnu tafod arno, a'i wneud gyda
phwrpas. Byddai'i grys oddi ar ei gefn cyn dychwel o'i
dafod i'w briod le. Balchder cyfreithlon cenedl yn ei
meibion. Nag e. Mae'n fwy.

Ond os anoddefgarwch yw hynyna, mae anoddef-
garwch mewn pobl ddemocrataidd yn beth od. Ond os
yw democratiaeth yn rhinwedd, mae'n peidio â bod yn
rhinwedd cyn gynted ag y dywedir democratiaeth amdani.

71

Pan ddywed democratiaeth "Wele fi", mae'n amser galw'r byddinoedd adref. Yn ninasoedd Groeg fe fyddent yn dweud, hyd yn oed wrthynt eu hunain: "Mae democratiaeth yn dda am mai democratiaeth ydyw." Ganrif yn ôl fe fyddent yn dweud yn Lloegr: "Mae democratiaeth yn dda am fy mod i'n llwyddo dani." Heddiw maent yn dweud: "Mae democratiaeth yn dda am mai yn Lloegr y mae." A dyna, wyled a wylo, yw democratiaeth bellach—hawl dyn i ymladd am ei fywyd yn erbyn yr anorchfygol.

Ac mae hanes yn dweud wrth y Sais ei fod ef yn anorchfygol. Mae'n credu hynny. Ef biau'r milwyr gorau. Mae ganddo'r ddawn i anghofio Bosworth a chofio Waterloo. Ef biau'r tîm rygbi gorau. Mae'n wir i dîm Cymru ei guro ef yn y flwyddyn a'r flwyddyn, ond nid felly y buasai oni bai am y mwd a'r glaw, a phetai'r gwynt o'r tu arall yn yr hanner cyntaf. Ef biau'r trenau a'r bwsiau gorau. Mae trenau'r Ffrancod yn warthus ac ni allant yrru bws. Ffrainc yn hardd? Ond pa amcan sydd i harddwch gwlad oni ellwch ei weld mewn cysur?

A'r Sais yw apostol chwarae teg. Ar ba faes bynnag y bo'n ymladd, mae yno ym mhlaid cyfiawnder. Pan fo gwlad o ddynion duon eu crwyn yn galw am ryddid, mae'r Sais a'i danciau yno'n eu rhoi'n eu lle, er mwyn rhyddid. Pan fo nythaid o wŷr goleuach yn ymderfysgu am gyfiawnder, â'r Sais yno'n onest a'u rhoi dan glo, er mwyn cyfiawnder. Beth bynnag a wna, fe'i gwna er lles dynolryw. Mae'i gydwybod yn haearn pur, ac ni all ei gadfridogion na'i bapur newydd fethu byth.

Ond chwarae teg iddo, nid oes ganddo mo'r ddawn i dwyllo. Dim ond i'w dwyllo'i hun. Pan ddywed ei fod yn rhyfela dros gyfiawnder neu ddemocratiaeth neu Gristnogaeth, nid gwneud propaganda anonest y mae. Mae'n credu hynny'i hunan. Dyna gyfrinach ei lwyddiant, a'i amhoblogrwydd. Mae'n cwbl gredu ei fod un radd fechan yn well na phob cenedl arall o ddyn.

Ond nid yw'n amlygu'i uwchraddoldeb nes ei fod mewn gwlad estron. Mae'n ymwybodol ohono gartref, ond nid yw'n gwneud eraill yn ymwybodol ohono nes mynd i'w gwlad hwy. Ewch i dŷ bwyta yn Lloegr ac astudiwch ef. Mae'n sgwrsio yno o gylch y byrddau yn ddifrifddwys ac yn rhesymol ddistaw. Ond ewch i dŷ bwyta yn Ffrainc neu yng Nghymru, ac ni chlywch neb ond ef. Mae clywed iaith ddieithr o'i gwmpas yn gwneud iddo chwyddo'i lais hyd gyffelybrwydd utgorn. O gylch y bwrdd gyda'i wraig a'i gyfaill a gwraig ei gyfaill, ei uchelgais yw rhoddi taw ar y caffi achlân, a gwthio'i sgwrs i ganol pob sgwrs arall, i gyfeiliant chwerthin grymus ac aml wawch. Ac wedi'r ymedy o'r lle gyda mynych ffarwel, mae'r siarad a edy ar ei ôl fel distawrwydd.

Os digwydd ichwi gael Sais yn gydymaith trên, cyn yr elo i lawr yn yr orsaf nesaf byddwch yn gwybod ei hanes a hanes ei holl flinderau. Nid holi'n fusneslyd y mae, fel Cymro, ond hysbysu. Os byddwch yn mynd trwy un o siroedd Cymru, dichon y bydd iddo daflu cipolwg foddhaus drwy'r ffenestr a sylwi mor hardd yw "England". Os bydd gennych bapur newydd, tebyg y bydd iddo ofyn am gael ei weld, ac wedi troi'i ddalennau'n swnllyd ac yn siomedig, eich hysbysu mai rhyw bapur arall yw ei hoff bapur ef. Heb ofyn eich barn chwi ar ddim cewch glywed ei farn ef ar bopeth, ac wedi sefyll o'r trên yn yr orsaf nesaf ac iddo'ch hysbysu bod enw'r lle'n amhosibl ei ynganu, fe'ch gedy, yn gwbwl sicir ei fod wedi gwneud argraff annileadwy arnoch.

Mae seicoleg greulon yn dweud bod pob anhygar yn sychedu am ei garu. Mae'n debyg fod hynny'n drist o wir am y Sais. Yn ystod ei ganrifoedd o agor gwledydd a rheoli cenhedloedd, ac o ddwyn iddynt, ymhlith ei gam-gymeriadau, lawer o fendithion, nid yw wedi llwyddo i ennyn y cariad y breuddwydiodd amdano yng nghôl nac Indiad nac Affricanwr. Mae'r barbariaid y rhoddodd ef waith a gwareiddiad iddynt yn poeri ar ei enw ac yn ei gablu y tu ôl i'w dwylo, ac ni all eu rhwystro. Mae'n rhy fawr i'w anwylo, rhy gryf i'w bitïo, rhy fodlon arno'i hun i ennyn cydymdeimlad. Hwyrach, ryw ddydd, pan gyfyngir ef i'w wlad, a honno'n ddim ond cysgod o'r gogoniant a fu, y bydd iddo yntau ddysgu beth yw bod yn ail ac yn eilradd, ac y daw meddalwch i'w lais a mwynder i'w wedd, ac y bydd yn ddewisach ganddo wylio a gwrando na bod yn ganol pob sylw. Yn y dydd hwnnw fe'i cerir, a'i dderbyn i gymdeithas y rhai addfwyn sydd, rywsut neu'i gilydd, wedi'r cwbwl, yn etifeddu'r ddaear.

Hyd hynny . . . Ond mae'n rhaid i minnau ddweud, gan barchu'r confensiwn dipyn bach—y mae Saeson a Saeson.

Mynd i'r Lleuad

Bûm i'r lleuad ganwaith mewn roced fain â'i henw "Dychymyg". Ni welodd neb mohonof yn mynd. Ni ŵyr neb pa bryd y deuthum yn ôl. Ond mi fûm. Mi wn i hynny.

Beth a welais i yno? Dim ond beth a ddywed y gwyddonwyr sydd yno. Trwy wydrau telisgop yr aethant hwy, a dod yn ôl gyda sachaid o syms. "Fel hyn ac fel hyn y mae hi ar wyneb y lleuad," meddent. Ac wrth gwrs fe gredodd pawb mai fel hynny yr oedd. Ac mi gredais innau.

Ond—a dweud y gwir yn ddistaw bach—ni rown i ddimai'n fwy am eu telisgop hwy nag am fy roced fach i. Hen gragen wedi sychu, wedi oeri, meddai'r telisgop. Dyna a welais innau yn fy roced. Ond rhagoriaeth fy roced i oedd rhoi mwy o ramant ar fyd marw nag ar Eryri fore glas o haf, a'i boblogi â phethau nad adnabu'r byd. Y gwyddonwyr a'm gyrrodd i yno, bid siŵr. Eu darllen hwy a wnaeth fy roced. Ond ni chawsant ddod gyda mi. Fe'u gadewais ar ôl gyda blas, a chwerthin am eu pennau o gopa'r llosgfynydd uchaf.

'Doedd hi ddim yn oer yno. Dim oerach nag yr oedd hi ar y ffridd lle y cychwynnais. Ni theimlais ddim cyfyngu ar fy ngwynt, na dim newid yn neddf disgyrchiant. Prawf na fûm i ddim yno, meddech. I'r gwrthwyneb. Prawf o berffeithrwydd fy roced. O sefyll ar gant y crateri a syllu dros y milltiroedd meirwon, mae gwddf dyn yn cau gan ddieithrwch. Llynnoedd diddwfr nad ehedodd aderyn drostynt erioed, moroedd heb drai na llanw na chlwsant gri gwylan na llithriad rhwyf. Gwastadeddau lle ni thyfodd pren; copaon na orffwysodd cwmwl arnynt. Ac yn cloi'r cyfan, y distawrwydd distawaf o fewn y cread oll.

Yr oedd arnaf dipyn o ofn, rhaid dweud. Yr oedd yr ehangder mor eang, a dim cymaint â bôn coeden na charreg a adwaenwn yn unman. Er i ddynion fod yno o'm blaen mewn rocedau tebyg i'm roced i, nid oedd yno ddim o'u hôl. Yr oedd Tegla, hyd yn oed, wedi mynd â'i Rys Llwyd oddi yno gydag ef. Ac mi euthum innau'n garreg fedd ar ganol yr erwau llwydlas ofnadwy. Y dyn olaf ar fyd marw. Aeth y cryndod cyntaf drwof a disgyn-nodd fy llygaid oddi ar yr wyneb oer, a gwelais danaf lwybyr y ffridd. Yr oedd fy llaw ar y Gamfa Wynt a glas-wellt Cymru dan fy nhraed.

Nid dyna'r tro cyntaf na'r olaf chwaith imi sefyll wrth y gamfa a'm tynnu o'r ffridd gan yr wyneb powld uwch-ben. Mae'r ysfa ynof finnau fel ym mhob rhamantydd am ddianc o'r lle'r wyf a bod yn rhywle arall. Ffrainc, Bagdad, y lleuad, Mawrth, Orion—maent yn tynnu i gyd yn eu tro. A bu'r hiraeth amhosibl a fu'n corddi Jules Verne ac H. G. Wells yn fy nghorddi innau. Methu gadael llonydd i'r sêr lle y maent. Eisiau mynd i neidio arnynt a bodio'u defnydd, crafu gerfydd deng ewin i'w copaon a cholli'r ffordd yn eu hogofâu. Chwarae mig â'u trigolion erchyll yng ngheseiliau'r clogwyni. Ac wrth gwrs, dod yn ôl i ddweud yr hanes. Difetha'r cwbwl fyddai peidio â dod yn ôl.

Ac 'rwy'n dechrau credu bod y gwyddonydd pengaled mor blentynnaidd—neu gwell imi ddweud, mor rhamantus —â neb. Nid yw ef, mwy na'r bardd a'r diwinydd, yn fodlon ar fyd bara-a-chaws. Ysfa'r hogyn ysgol am ddringo yw ei ysfa yntau. Mae'n anodd gennyf gredu bod neb mor wirion â gwneud syms er mwyn gwneud syms. Hwyrach fy mod yn dweud hynny am eu bod yn gas gennyf i, ac na roddais i erioed mohonynt i unrhyw ddiben. Ond 'rwy'n braidd amau bod y gwyddonydd yn mesur y pellterau ac yn pwyso'r planedau am ei fod yn dirgel obeithio mynd yno ryw ddydd, neu anfon ei blant yno, o leiaf. Ond peth sy'n fy synnu i ydyw bod y cyhoedd yn cymryd dyhead y gwyddonydd am fynd i'r lleuad yn fwy o ddifrif na dyhead hen ffarmwr am fynd i'r nefoedd. Ac i mi nid yw'r naill fymryn haws ei sylweddoli na'r llall.

Ond erbyn hyn mae'r posibilrwydd yn dod yn iasol o agos. Nid breuddwyd llanc yw mynd i'r lleuad mwyach. Mae dynion mewn aeddfedrwydd dyddiau a doctoraeth i'w henw yn cyhoeddi heb gysgod gwên ar eu hwynebau mawr y bydd glanio ar y lleuad cyn tranc y ganrif hon. Y mae'r byd wedi peidio â chwerthin. Mae pwysau'r proff-wydi wedi diorseddu pob amau. Nid yw'r cylch gwyn ym mherfedd y glas heno ddim pellach nag oedd clogwyni Dofr i Napoleon ar hwyrnos glir. Ac am a wyddom, nid oes yno fyddin o gotiau cochion i darfu'r goresgynwyr.

Am a wyddom. Gwir fod y trymion wedi dihysbyddu pob perygl sydd o fewn cylch dyfalu. Wedi mesur y pellter i'r fodfedd, wedi pwyso gwrthbwys pob haen o awyr a gwagle i bob deunydd a phob peiriant ym mhob gradd o gyflymder, wedi dychmygu nwyon newydd a meteloedd nas adweinir a pharatoi i gwrdd â meteorau a gwreichion haul. Ond tybed? Tybed nad oes yng nghil-fachau'r milltiroedd mud ryw goblynnod uwch dirnad dyn? Fe ddichon bod. Ac fe ddichon o hynny y bydd yn rhaid eto aberthu rhyw Gapten Scott cyn plannu baner dynolryw ar begwn gloywaf y lloer.

Ond os gwir a ddywed y proffwydi, os yw eu mathe-
mateg yn gywir a'u tybio'n dal dŵr, bydd agor cyn hir
gyfrol arall yn llyfrgell yr anwybod. Os dychwel yr
arloeswyr i ddweud yr helynt, a'u hwynebau'n welwon
gan lawer braw, ac os edrydd iaith a welsant, bydd tywallt
ieuenctid newydd i wythiennau blin y byd. Efallai bryd
hynny y try'r cenhedloedd eu llygaid oddi ar diroedd ei
gilydd a'u dyrchafu i fynyddoedd y byd uwchben. Ond
atolwg, pwy fydd gyntaf yno? Ai Scott ai Nansen? Pwy
bieufydd y pegwn hwn a'r mynydd arall? A yw creigiau'r
lleuad eto i atsain cynddaredd bom a grenâd?

Nid wyf yn tybied hynny. Ni wyliodd yr wyneb gwelw
uwchben mo ddynion am ddim. Am ugain mil o flynydd-
oedd y mae wedi syllu ar grwydro dyn. Gwelodd ei duthio
o'r ogofâu i dai bregus ar frigau'r coed. Gwelodd
ysmotio'r dyffrynnoedd â'r anheddau cyntaf a chynyddu
pentref a thref; codi pyramid a theml ac ymestyn ffyrdd
fel seirff hyd loriau'r cymoedd. Cododd gwareiddiadau a
diffodd ac yntau'n gwylio; ganwyd ymerodraethau a
buont feirw. Gwyliodd y byd yn gwynnu gan rew, yn
glasu gan fforestydd, yn euro gan dywod. Gwelodd fwg
dinasoedd yn cymysgu â niwl; adeiladau pigfain a dyn yn
ehedeg. Ac odid na chrynodd yntau beth pan gododd
cymylau'r bomiau atom ac ymddolennu trwy'r awyr i
droed y gwagle. Am ugain mil o flynyddoedd y bu hyn. Ac
oni ddysgir doethineb mewn ugain mil, nis dysgir byth.
Am hynny, fel hyn y llefair y lloer:

"Os bwriad dyn yw ail-adrodd ei branciau rhwng fy
mynyddoedd i, fe'i trydanaf ac fe'i diffoddaf cyn gosod ei
droed arnaf. Ond os fy ngoresgyn i fydd ei heddwch ef, a'i
aileni, mae iddo ryddid fy nyffrynnoedd coll."

Ond hwyrach yw hyn i gyd. Nid oes neb heddiw a ŵyr a fydd. Hwyrach y bydd concro'r lloer a garddio'i llymder. Ond hwyrach y bydd dewisach ganddi'i llonydd tragwyddol.

Hen leuad lom, mae gennyt dy gyfrinach. Beth sy tu cefn i'th wyneb gloyw, nid oes ond tydi a ŵyr. Ni wn beth sydd ynot, ac ni ŵyr neb arall chwaith. Fe all y bydd moldio peiriannau buain a'u hanelu atat un ar ôl un. Ac fe all na'th gyrhaeddant byth. Os hynny a fydd, bodloni fydd raid i minnau. Bodloni ar fy roced fain a'i henw "Dychymyg". A dichon y gŵyr honno gymaint â'r roced alwminiwm pur a saethir mewn tân a thrydan i fol yr anwybod mawr.

Craig y Pandy

Mae'n sefyll yno ers oesau na all neb eu rhifo, fel caer arw yn erbyn y cymylau, a'i chlogwyni'n breuo'n ddistaw uwch y pentref. Nid yw'n gwarchod dim ond yr hyn sydd ynddi, a pha beth yw hwnnw ni chawn wybod hyd ddydd cloi'r byd a lapio'r ffurfafennau. Wrth ei thraed y mae pentref bach y Pandy ar gyffordd y ddwy afon, lle bach heb frys a heb ddiwydiant. Mae yntau'n breuo fel y graig uwch ei ben, rhwng adfeilion gwaith tsieni a chwarel wedi cau. Mae ynddo gapel a thafarn a phlant yn chwarae a hynafgwyr wrth eu ffyn. Fe'i gedy'i wŷr ieuainc yn y bore bach a mynd filltiroedd i ffwrdd i'r ffwrneisiau drewllyd, a dod yn ôl gyda'r hwyr i gysgu. A thra bônt i ffwrdd fe gwsg y pentref bach yn sŵn ei ddwy afon, rhwng dau fryncyn glas a'r graig.

Ac mi dybiaf mai cysgu y mae hithau, a'i mynwes arw yn noeth uwch ei gwregys o goed. Pan oedd y bryniau ar draws y dyffryn eto heb ffeindio'u ffurf, yr oedd hi wedi hen galedu a'i chilfachau'n taflu'r taranau'n ôl ac yn llochesu'r bwystfilod chwith a wleddai ar ei gilydd cyn bod hanes. Fe sleifiodd y teigr sabrddant rhwng ei meini ac utganodd y mamoth yn y dyffryn oddi tani a hithau eisoes yn hen.

Ac wrth ddringo'i hystlys heddiw ar hyd Llwybr y Gath bu bron imi dybio unwaith fy mod yn clywed twang bwâu'r hen Gymry rhwng y manwydd, a mân glebar iaith debyg i'm hiaith fy hun fel y glynai saeth benfelen yng nghalon Sais neu dynnu Norman gloyw oddi ar ei farch yn y dyffryn islaw. A heb yn wybod i mi fy hun, gan ddyfned fy mreuddwydio, yr oeddwn innau'n celfydd droedio'r

81

clogwyni ac yn sathru carreg a phric heb beri sŵn, yn union fel y gwnaeth rhyw hynafiad hanner gwâr imi yn yr union lecyn hwnnw ganrifoedd maith yn ôl. Yr oedd ei waed ef yn fy ngwythiennau innau, ac mi wyddwn mai'r un yw ein brwydr ni'n dau—cadw'r Graig a chadw'r Gymraeg yn y fro o gwmpas ei thraed—ond bod yn ddewisach gennyf fi air ac aberth na'i saethau penfelyn ef.

Tybed, pe bawn i'n gallu peidio ag anadlu a rhwystro fy nghalon i guro a bod yn ddistaw—tybed a allwn i glywed y lleisiau sy wedi'u hystorio yng ngherrig ateb y Graig? Fe glywodd hi Ladin. Y mae ffordd Rufeinig nid nepell oddi wrthi. Fe welodd hi ei thurio a'i gosod a'i phalmantu a'r llengoedd yn cloncian ar hyd-ddi a'u heryr yn fflachio yn haul y bore, a chlywed Lladin y canwriaid yn rhegi ar fin y rheng. A hwyrach, hefyd, siantio mynaich wrth ymlusgo i lawr y cwm ar eu ffordd i Lyn y Groes. Fe glywodd hi Frythoneg. Y ffermwyr cynnar yn cablu'u hychen diog ar y gwastad wrth yr afon, a dechrau'r Gymraeg ar eu gwefusau. Fe glywodd Gymraeg. Fe'i clyw heddiw. Pa faint yn hwy y clyw hi Gymraeg, ni wn, ac ni ŵyr hithau, er fy mod yn tybio yn fynych y gŵyr hi fwy na mi.

Byddwn yn dweud yn aml gan ymbruddhau gerbron mynydd neu dderwen filflwydd: "Pe medrai hwn neu hon siarad!" Ond fe allant siarad. Mi wn y gall y Graig. Fe roed iddi ddawn i hel argraffiadau fel meddwl bardd. Pe turiwn i'w chrombil, fe gawn yno haenau o hanes, yn graig ar graig. Ynddynt mi welwn esgyrn ac olion esgyrn, a gwybod pa bedwarcarnolion a'i sangodd a pha adar anhydraeth a syrthiodd a marw arni. Pa dywydd a wybu, pa raddau o rew ac o heulwen a'i toddodd a'i hail-galedu, pe rhoed imi ddawn i'w darllen, cawn wybod ei dyddiau i gyd. Ond rhy ryfedd i mi yw gwybod ei hoed a'i helynt. Llyfrau caeëdig yw ei haenau hi.

Ac eto, am na allaf ddeall a ddywed wrthyf, ni byddaf yn digio wrthi. Yn wir, fel pawb sy'n ddirgelwch, mae'n denu mwy. Mi glywais ddweud pan ganffo gŵr a gwraig holl ddirgelion ei gilydd, y derfydd eu cariad. Pa un ai gwir hynny ai peidio, mae'n wir am y graig a mi. Petai'n wastadol newydd fel yr afonydd wrth ei thraed, neu'n eglur ei defnydd fel y ffyrdd a'r tai, diau na fyddai gennyf fwy o ddiddordeb ynddi. Ond am y gwn ei bod cyn bod dyn ac y bydd pan ddarffo, ac iddi weld a chlywed pethau na ddychmygais i, 'rwy'n syllu'n hir arni bob tro y byddaf wrth ei thraed. Ac weithiau'n dannod iddi'i chyfrinach. A phan fwyf ar ei phen ymhlith y creigiau mwsoglyd ag aroglau'r cynfyd arnynt, byddaf wrth edrych i lawr yn ceisio gweld y pasiannau a welodd hi. Ond ffals yw llygaid. Nid oes yn y glyn ond caeau a ffyrdd graeanfaen a thai brics.

Mi gyffesais nad wyf ddaearegwr na hanesydd chwaith. Ac nid wyf fardd, mi wn, er imi dreio fy llaw ar delyneg ar dro, ac er bod yn hoff gennyf dlysni. Ond os bu imi fod mor hunandybus â'm tybio fy hun yn fardd, ar y Graig y bu hynny. Fry uwchben y byd a'r cymylau o'm cwmpas, gyda hanes ynghlo o danaf a thragwyddoldeb dros y bryn o'm blaen, mi fûm yn fardd. Yr oedd dynion am unwaith yn fychain, gannoedd o droedfeddi o danaf, a'u han-heddau anniben yn rhy bell i greu diflastod. Yr oedd deuawd y ddwy afon a'r si yng nghoed y cwm yn ddigon isel i fod yn fiwsig. Yr oedd yr haul naill ai'n llachar yn y glas neu'n dechrau gwaedu yng nghylch y Gorllewin. Ar yr adegau hynny yr oedd Duw o gwmpas. Nid yw ddim clod i mi. Ni allai ond dyn marw fethu bod yn fardd yn y cyfaredd hwnnw.

Ond rhaid i'r gorfoledd a gefais wrthyf fy hunan fod yn ail i un arall. Nid yn y dydd y bu, ond yn y nos, dan leuad. Ac nid oeddwn fy hunan. Yr oeddwn gyda chyfaill sy'n ymateb i dlysni yn debyg i mi fy hun, ac am iddo fy moddio wrth ganmol fy Nghraig a'm Dyffryn, mi addewais i mi fy hun gerdded y Graig gydag ef pan fyddai'r lleuad yn llawn. Nid oedd yn llawn pan gychwynasom i reibio'i bro hud; yr oedd ryw noson neu ddwy oddi ar hynny. A phan gawsom ben y Graig yr oeddem yn sefyll rhwng dau olau. O'n blaen, lleuad feddal yn nofio o gwmwl i gwmwl; o'n hôl, ymystwyrian cyntaf y wawr. Yno y buom yn eistedd nes colli o amser bob gafael arnom. Llithiwyd ni i'r byd lle mae'r ysbrydion yn byw. Gallwn ddweud llawer heddiw am y byd hwnnw oni bai fod geiriau'n methu. Nid oes haul yno, gan nad oes neb yn defnyddio llygad i weld. Fe ŵyr bob dim sydd werth ei wybod. Unig swydd llygad yw yfed yr harddwch lled-niwl, lled-olau o'i gwmpas. Ac yn y byd hwnnw fe sieryd pawb ychydig yn ynfyd fel petai mewn gwin, gan foli'n barhaus fireined y lloer, loywed craig ac afon. A phan baid y siarad fe lefair y mudandod fwy. Hwnnw yw gwir ymgom y fro honno.

A oes yno fwyta ac yfed a charu a chasáu? Ni allaf ddweud; daeth y wawr arnom ac aeth y fro ar goll gyda'r nos. Ond pwy bynnag a gais ei gweld, mi dybiaf yn siŵr y caiff, os daw i'r ardal hon pan fydd lloer Gorffennaf eto'n llawn ar Graig y Pandy.

Pe Bawn i'n Wybedyn

Heno mae'n rhaid imi wynebu un o ddilemâu fy mywyd. Cyn bo hir rhaid imi ddweud nac neu neges wrth yr her. A wnaf i, neu a wnaf i ddim?

Mi garwn osgoi, ond ni allaf. Ni allaf ond derbyn neu wrthod. Fis i heno, byddaf boblogaidd neu amhoblogaidd, ffugiwr neu ffŵl. P'un? Petai gennyf bâr o adenydd, i ddianc . . . Fel sydd gan y gwybedyn acw ar y wal. Yn sboncio ac yn gwibio fel pe na bai dim yn y byd yn ei boeni. A dim dewis ofnadwy o'i flaen.

Wybedyn, wnei di newid lle â mi? A gymeri di f'ymennydd, fy addysg, fy nhŷ a'm teulu, fy swydd a'm llu o ffrindiau, yn gyfnewid am ddim ond dy dwpdra gogoneddus di? Fe gei'r deucant sydd â'u henwau ar fy llyfrau, fy mhobl ffyddlon, gyda'u gwên feunyddiol ar y ffordd, dim ond i mi gael d'adenydd a swnian dan y coed drwy nosau'r haf a theimlo min y rhew a darfod. Fe gei fy llyfrau a'r ddawn i'w darllen a'u deall . . . Ond mae wedi disgyn ar fy llyfrau ac yn eu troedio'n brysur, gan sefyll i grafu'i ben â'i goesau uwch y trymaf ohonynt. Mae'n crafu'n gyflymach, yna'n peidio. Na, dim llyfrau. Cyn imi symud fy llaw, mae yn ei ôl ar y wal.

Ond f'ymennydd. Fe gei f'ymennydd. Nid yw na manwl na miniog, ac nid oes o'i fewn ddim deunydd gogoniant. Ond fe'i cei am dy dwpdra. Ac ymhen eiliad mae'n cylchu fy mhen ac yn disgyn lle mae rhaniad y gwallt. Fe'i clywaf yn goglais y gwreiddiau, yn bodio'r blew, yn tapio'r bryniau a'r gwastadeddau lle mae'r meddwl yn gweld, yn clywed, yn cyfrif, yn dychmygu, yn teimlo poen—ac mae'n aros ar y fodfedd lle mae'r teimlo poen.

A chyn imi wybod ei fod wedi codi, gan fod iasau'i gerdded o hyd yn y gwallt, mae acw ar y wal, yn dawnsio'n fwy egr na chynt. Mewn un munudyn fe fesurodd hwn a gwrthod y peiriant y mae'i fesur y tu hwnt i holl alluoedd dyn.

Ond fe gei fy mlynyddoedd. Am dy un flwyddyn fer fe gei ddeugain, ac os o gryfder y cyrhaeddi fwy, maent eiddot i gyd. Wrth eu cynnig mi wn fy mod yn cynnig llawer haf, llawer hwyrnos o Fai yn drwm dan y lelog, llawer awr o chwerthin uwch smaldod y plant, llawer lloer ar yr afon, llawer llyfr wrth y tân. Ond fe'u cei i gyd, os cymeri di'r blinder hefyd. Fe gei'r lelog ar y lawnt os cymeri di'r lelog yn yr angladd. Fe gei'r lloer sy'n cerdded ar y môr am gymryd y lloer sy'n darllen geiriau'r bedd. Y gwely priodas a'r gwely cystudd—'rwy'n onest, 'rwy'n cynnig y ddau. Mae wedi peidio â gwibio. Mae wedi sefyll. Os daw rhywbeth o hwn . . . Ond i ffwrdd ag ef eto, rownd a rownd y stafell, fel peth o'i go'. Deugain mlynedd, wir! Cadw dy ddeugain mlynedd.

Yr adeiniog sy'n iawn. Nid yw oes o haul a chawod bob yn ail mor felys â hanner blwyddyn o heulwen. Ofer yw dweud bod y gawod yn melysu'r haul, bod hindda'n ddeuwell wedi drycin. Pe na bai drycin ni byddai llinyn i fesur heulwen, a byddai fodlon pawb. Fel y gwybedyn. Mae'n fodlon ar ei fyd. Mae'n fodlon am na all fod yn anfodlon. Pan fo bwyd yn brin nid yw'n gallu byw i gwyno ac edwino. Pan fo bwyd yn brin mae yntau'n peidio â bod. Pan fo dwylo cynddeiriog y gelyn-ddyn yn ei ymlid hyd y waliau nid yw'n sefyll yng nghwmni'i gyd-wybed i brotestio ac i streicio ac i athronyddu ar anghyfiawnder y dwylo dialgar. Pan fetho'r dwylo ef, mae'n rhydd o'u

gafael; pan drawont ef, mae'n rhydd o'i boen. Mae'n
bwyta'r hyn a wêl ei lygaid cymhleth. Nid yw'n dadlau
pwy biau'r bwyd, beth yw ei bris, ymh'le a sut i'w fwyta.
Nid yw'n gwneud syms ac yn cignoeth bwyso'i bwrs wrth
gowntar. Swm ei ymresymu, os yw'n ymresymu o gwbwl,
yw: "Dyma fwyd. Mae arnaf eisiau bwyd. Bwytâf."

Mi newidiwn ag ef, gwnawn, fy mân ragofalon moesol
am ei ryddid digydwybod ef. Difa heb dosturio, lladrata
heb dybed, byw heb baham.

Dacw fe, yn llonydd, ennyd, ar y papur blodeuog.
Hwyrach y gallaf ei ddal. Codi fy llaw. Ceisio'i chadw
rhag i'w chysgod groesi arno—ond mae i ffwrdd, wedi'i
saethu oddi ar y wal gan gatapwlt anwel. Ofn oedd arno.
Mae'n rhaid i wybedyn hefyd wrth ofn. Ond nid oedd
arno gywilydd dangos ei ofn. Nid fel milwr yn sefyll ei dir
gan wybod bod gynnau chwit wedi'u hanelu at ei ber-
fedd. Nac fel yr ynad a ddaliwyd mewn godineb yn
serennu ar bawb wrth gerdded i'r doc. Dim ofn? Mae
cymaint o ofn ar y milwr nes teimlo'i berfedd eisoes
wedi'i adael. Ac mae coesau'r ynad fel dŵr a'i galon fel
pig cnocell ar ei wylltaf. Ond nid gwiw dangos. Cuddio,
smalio, rhagrithio, ar bob awr, ym mhob cwmni. Ac
mae'n rhaid i minnau, a'm dilema'n ffwrn ynof, wenu a
chyfarch a mwyn-ymddiddan, fel petawn ar wely rhosyn-
nau ym more'r byd. Pe bawn i'n rhywbeth ond dyn
gallwn rowlio fy llygaid a malu ewyn, waeth ymh'le, a phe
bawn i'n wybedyn, ymsaethu ar adenydd o afael y llaw
ddialgar.

Cosb lymaf dyn yw byw dan gynifer o feistradoedd. Mi
garwn i brynu fila wen ar y Rifiera a marchogaeth ffyrdd y
byd mewn cerbyd hirlas. Ond yr wyf dan fawd y Meistr

Arian, a phennaf dawn hwnnw yw dywedyd na. Mi garwn rodresa ar lannau afonydd gyda genwair neu flodeugerdd orau'r byd. Ond yno'n gwmpeini byddai'r Meistr Swydd, yn rhoi crygni yn nhincial y dŵr a drain ar y dorlan. "Nid yma y dylet ti fod." Fy nghamwedd i yw gohirio. Fe all hwn aros hyd drannoeth. Bydd y diflas yn llai diflas yfory. Ond mae gan Feistr Amser ei weision. Yr oriawr ar fy ngarddwrn a'r cloc ar yr eglwys. "Brysia . . . Brysia." Gallwn dorri fy syched ar afalau fy nghymdogion oni bai am y Meistr Deddf, a phoeri ar wyneb fy nghaseion oni bai am y Meistr Cymdeithas. Paham y rhoddwyd cynifer o feistri ar un gwas? Nid oes gan wybedyn feistr ond ei reddf. Ac ni wŷr fod honno'n feistr am nad yw byth yn dweud "Na", byth yn dweud "Brysia", byth yn dweud "Paid". Nid oes ganddo ddyhead na all ei ddiwallu cyn gynted â'i ddyheu. Ni all ddarllen na chloc na symans na gwg.

Ac nid yw byth yn dymuno bod yn well nag ef ei hun. Mae'n fodlon ar ei lun a'i le. Iddo ef, nid oes dim sy'n dlysach na chwe choes flewog a llygaid fel dau golsyn oer. Ei baradwys yw'r domen. Ni wŷr beth yw blysio modrwy ddiemwnt a modur gloyw. Ni freuddwydiodd am gyflog gwell na thŷ ehangach. Ni ddihoenodd am fod yn brifweinidog nac yn sant. Mae holl ddenu Nirfana yn ninodedd hagr hwn.

Mi fynnwn innau fod ar ddwy adain fain. Yn uchel o flaen gwres, yn isel o flaen storm. Gyda'm tebyg, heb unrhyw gyfrifoldeb iddynt, yn suo'n nwydus uwch drewdod twym tomennydd. Dodwy hil heb eu cyfri'n blant. Bwyta carthion fel seigiau brenin. Gwybod popeth sydd i wybedyn ei wybod heb ddiwrnod o ysgol, heb agor llyfr.

89

Heb dda na drwg na hardd na hyll, heb orwel a heb derfyn. A heb ddilema i'w datrys mewn chwŷs oer yng ngenau Ebrill.

Ac fe allaswn fod felly. Petai Adda heb fwyta o ffrwyth y pren a dechrau gwybod, ni buaswn innau heno namyn gwybedyn gogoneddus mewn gardd ddi-wybed. Yn wyn fy nghroen a'r nefoedd yn fy llygaid, ond heb ddim yn feistr ond fy ngreddf, a heb flysio dim ond bod fel yr wyf. Ond fe fwytaodd Adda. Ac fe'm ganwyd innau, a'm geni i fyd o well a gwaeth, a'i weled felly. A rhoi imi dasg na allaf ei chyflawni, fy nghasáu fy hun am fod yr hyn ydwyf a cheisio bod yr hyn ni allaf.

Ond tybed nad wy'n cyfeiliorni? Tybed, wedi'r cwbwl, nad gwybedyn ydwyf, yn uchel o flaen gwres, yn isel o flaen storm? Yn blysio pob bara ond fy mara fy hun. Yn byw ar y byd heb ddiolch amdano. Yn nyddu trwy fwrllwch heb wybod fy amcan a dawns y domen yn fy ngwaed. Yn awr mi wn. Nid yw'r ddilema sy'n fy nal yn dynnach po galetaf fy ymgyndynnu ond rhaffau annatod yr adrgop. A rhyw ddydd a ddaw, nid oes dim sicrach, fe'm delir innau ym mhig y wennol.

Tai

Nid wyf i bensaer na chefnder i ffrind i bensaer. Ond petai gennyf bedair mil yn y banc, byddai gennyf chwant codi tŷ. A druan o'r adeiladydd a fyddai'n rhoi fy mympwyon i mewn brics a morter.

Oblegid mympwyon ydynt. Yr wyf yn ffyrnig anfodlon ar naw o bob deg o'r tai sydd o'm cwmpas. Maent yn tynnu sylw atynt eu hunain heb fod dim ynddynt yn haeddu hynny. Nid oes ganddynt un math o barch i wyneb y fro lle y mynasant nythu. Nid yw bod llwyn o goed yn y fan hon a bryncyn yn y fan acw, a bod y gwanwyn yn wyrdd a'r hydref yn felyn, wedi peri iddynt ystyried dim ar eu llun a'u lliw. Os dewisodd eu perchennog eu rhoi ar fryn, dewisodd hefyd dri uchdwr iddynt. Fe flysiodd godi'i gartref yn y llecyn glasaf mewn ardal las; daeth â brics lliw oraens o bellter byd a diystyru'r maen llwydlas ar y llethr gerllaw; daeth â theils pinc i'w doi er bod chwarel lechi dros y bryn. Er bod yr ardal mor Gymreig nes bod Cymraeg ar wefus yr afon, gwnaeth hwn ei dŷ fel tŷ'i ewythr yn Llundain, a'i alw, bid siŵr, os oedd ei Saesneg yn symol dda, "Fair View", neu, os oedd yn gosmopolitan Cymreig, "Belle Vista".

Rhyw bethau fel hyn sy wedi 'ngyrru i ffraeo â phensaernïaeth Cymru. Nid wyf yn Gymro mor deyrngar ag i amddiffyn popeth o Fynwy i Fôn gyda geiriau crynedig ac wyneb o wawr betys. Yr wyf yn ymfelysu oddi mewn ar dro wrth eistedd yn ôl a malu fy ngwlad yn rhacs. Yn enwedig os bydd ar draws y dyffryn o'm blaen annedd a godwyd yn ugeiniau'r ganrif hon â'i enw "Hillgrove". Nid wyf chwaith yn Gymro digon teimladwy i ddweud

mai palasau godidoca'r byd yw tai-a-siambar Sir Fôn.
Twt, twt. Y mae rheswm ar bopeth.

Ni wn i pa ysgol o seicoleg sy drechaf ar hyn o bryd, ai
honno sy'n dal mai etifeddeg sy'n penderfynu'r dyn, ai
honno sy'n dal mai amgylchedd, na pha ysgol yn yr ysgol
Sul, ysgol greddf ai ysgol grym arferiad. Yr wyf i'n ddigon
cymedrol i ddal bod lle i'r ddau. Ho, meddai'r bwrdeis-
iaid parchusaf, symudwch bobol y slyms i dai cyngor
modern, ac fe'u gwelwch yn cadw'r glo yn y bath. Tyn-
nwch y sbeit o'r gosodiad, ac fe gewch fod eithriadau
niferus. Y mae dysgu ar bawb. Os gellir dysgu mab i dydd-
ynnwr o Arfon i wisgo spats a siarad Saesneg dilediaith, fe
ellir dysgu slwt i ymolchi. Hyn sydd gennyf i: pa beth
bynnag sy mewn dyn pan edy'r groth, y mae'r lliw a wêl ei
lygaid pan fo'n cropian, a'r swn a glyw ar ei ffordd i'r
ysgol, yn siŵr o roi rhwd neu ruddin ynddo. Ac oni ellir
magu pob crwt ger llidiart y mynydd, yn efell i'r ehedydd
a'r eithin, fe ellir rhoi gwyrdd o'i gwmpas a chadw'r awyr
yn las uwch ei ben p'le bynnag y bo.

Pan fo hi'n rhyfel, mae awyrblanau bomio gwlad yn
chwilio am ffatrïoedd gelyn i'w difa. Ond wrth chwilio
gallant gylchu a chylchu uwch ardal lle bo ffatri, a methu
dod o hyd iddi. Y mae dan ffugliw. Wedi'i choluro'n
frown a gwyrdd a melyn fel y tir dan ei bargodion. Ac ni
all ond y llygad craffaf un ei didoli o'i chwmpasoedd. Mi
fûm i untro'n cario dryll, yn bur nerfus ac yn bur wantan
fy nghydwybod, yn chwilio am gwningod hyd y ffridd-
oedd. Ond mi wn imi fynd heibio sawl un heb ei gweld.
Ffugliw. Buasai ffugliw'n gweddu'n well i lawer o dai
Cymru. Ymguddio yn y tir yn lle rhythu ohono. Ac am a
wn i, dyna a ddylai fod amcan tŷ. Bod yn rhan organig o'r

fro, fel y byddai'i dynnu ohoni fel tynnu coeden neu graig neu raeadr. Ymdoddi'n fodlon i'r olygfa yn lle ymestyn yn sunsuraidd ohoni. A bod yn falch pan fo'n rhaid i lygaid dieithr syllu ddwywaith ar y llethr lle y saif cyn ei weled.

Felly y byddai magu plant a mwy o farddoniaeth yn eu gwaed. Nid oes ddiolch i fab y mynydd am fod yn arafach i lid ac yn foneddicach ei dafod, yn sensitif i sibrwd gwynt a chyffwrdd diferion glaw. Mae yn eu canol fel y maent, a gall fynd o olwg dyn a thyddyn i eangderau porffor y grug. Ond sut i roi i fab y ddinas yr unrhyw sensitifedd i nerthoedd amrwd y cread a'i ddiddyfnu oddi wrth ei frys a'i ddinodedd du? Ei symud, hwyrach, at lidiart y mynydd a'i roi mewn tŷ lliw'r pridd a'r eithin, a dysgu iddo grefft i'w harfer yn y pentref gerllaw. Ond oni ellir hynny, yna rhaid mynd â'r mynydd ato. Codi'r tŷ lliw'r pridd a'r eithin ar gyrion y ddinas a'i osod mewn llwyni bychain ar wastad gwyrdd, a bod llwybyr troed ohono i'r bryniau lle bu naddu glo, a'u hulio hwythau â phorffor newydd. Dim byth, ebe'r Ieremeiaid. Ond ei wneud yw amod gwneud dynion. Oni thynnwn ni weddill dyn o graciau gwareiddiad a'i roi'n ôl yn ei gynefin, nis arbedir ddim.

Ni fynnwn i fod mor simpil â dal mai gobaith dyn yw tecach tai. Ond mae gwell siawns iddo ganfod ei obaith mewn harddwch ac awyr iach nag mewn mwg a lluniau llafar. Ati, ynteu, i blannu bythynnod yn y bröydd a fydd yn rhan annidol ohonynt, ac yn y bythynnod blannu dynion y bydd eu plant a'u hwyrion eto'n werin liwus, lon, a gwrid y gwynt ar eu gwedd.

A phetai gennyf fy mhedair mil, mi godwn innau fy mwthyn ar droed y ffridd, na allai llygad ei weld o bell ond pan fachludai'r haul yn ei ffenestri. Hwyrach nad

awn mor fympwyol â'i godi o gwmpas bôn derwen neu'i
naddu mewn clogwyn yn ystlys rhaeadr. Ond mi rown
gerrig y clogwyn yn ei furiau a'r dderwen yn drawstiau
iddo.

Ymh'le i'w godi, ni wn yn iawn. Dichon y byddwn yn
gofyn gormod. Mae arnaf eisiau byddin o goed o'i
gwmpas ac afon i gysgu y nos yn ei sŵn. Mae arnaf eisiau
i'w ffenestri weld mynydd a môr. Er na fynnwn fod
ymhell o fin y grug, nid oes digon o feudwy ynof i fod
ymhell ychwaith o gysuron tref. Rhaid cael llwybyr i
droed a ffordd i gerbyd. Cregyn a choncrid. Sŵn gwynt a
sŵn cerddorfa. Dyna bris bod yn blentyn i'r ugeinfed
ganrif. Ond byddai'r ffordd goncrid, nid yn ffordd
dihangfa mwyach, ond yn ffordd i ehangu bryd a chyf-
newid meddyliau. Gwanc meudwy'r mynydd yw dianc i'r
dref, gwanc caethwas tref yw ffoi i'r mynydd. O gael
llwybyr rhwydd i'r naill a ffordd agored i'r llall, ni byddai
gwanc, dim ond awydd y gellid mewn awr ei diwallu.

Dyna godi'r bwthyn, felly, mewn rhyw Eifionydd
werdd gyda Chantre'r Gwaelod yn fôr ac Eryri'n fynydd,
a glasgoed y llennyrch yn ymchwyddo ar y tir lle mae'r
lonydd bach troellog a chlychau'r gog ym Mai. Ond at y tŷ
ei hunan. Ai fila Rufeinig ai bwthyn to gwellt? Rhaid imi
gyfaddef imi hoffi droeon dŷ castellog gwyn a fuasai yn ei
gynefin yn Sbaen, neu westy amlgorn gyda thalcen o
gregyn uwch y môr. Ond byddai toddi un o'r rhain i
lannerch yn Eifionydd yn fwy nag a allaf i.

Rhaid i'r tŷ dyfu o'i safle fel coeden o'r pridd, fel petai
Natur wedi'i roi yno, ac nid dyn. Gall dieithriaid digon
beirniadol ddweud am y tŷ hwnnw: "Yr oedd yn rhaid i
hwn fod yma. Ni allai fod yn unman arall, ac ni allai dim

94

arall fod yma ond hwn." Felly, byddai'n rhaid pennu'i hyd a'i led a'i uchder, ac yn bennaf oll, ei liw, wedi pennu'r llecyn y mae i sefyll arno. Os yw i sefyll ar foncyn, rhaid iddo fodloni ar ddau uchdwr, a dim mwy. Yn wir, byddai'n well yn fyngalo, pe na bai'n well gennyf i gysgu o leiaf dair llath uwch y pridd. Os yw'r boncyn yn orwel i rai sy'n sefyll ar y ffordd islaw, rhaid i grib y to ddynwared rhediad y gorwel ac ymgolli ynddo. Os oes cefndir o greigiau blith draphlith, boed cilio i mewn ac ymwthio allan yn y muriau. Ond os moelni meddal sydd yno, yna boed yntau'n orffwysol ei linellau, ei furiau'n ddi-dor a'i do'n graddol godi ac ymostwng. Y garreg acw sy'n syllu o fynwes y llechwedd—honacw sydd i fod yn furiau. Os oes llechi'n agos, y rheini fydd y to.

Nid wyf eto wedi gorffen bod yn blentyn. Pan oeddwn i'n blentyn byddai pob tŷ'n edrych arnaf wrth imi fynd heibio gyda phedwar neu chwech o lygaid slei a cheg fain, front. Ni allwn i odid fyth basio heb weld wyneb yn wal tŷ, a'i ddrws a'i ffenestri'n geg a llygaid. Yr wyf yn ddigon o blentyn o hyd i fynnu na chaiff y tŷ a godwn i ddim syllu arnaf fi nac ar unrhyw blentyn ofnus felly. Ffenestri llydain, ynteu, a drws digon hardd neu ddigon disylw fel na all fygwth llyncu neb. A digon o ffenestri. Rhaid i bob ystafell fod yn olau heb fod yn ddrafftiog. Paent ysgafn ar y muriau, neu bapur cwbl ddibatrwm bron. Ac mewn un ystafell baneli derw du, hen simdde fawr Gymreig, dresal a phiwtar a llestri glas, a thelyn yn y gornel. Y mae un ystafell arall. Honno y byddwn i'n breuddwydio ynddi, yn llenydda ac yn darllen ac yn nyddu fy myd fy hun. Rhaid i ffenestr hon fod ar y môr, ar ehangder difwlch gyda llwybyr union i'r machlud a'r porthladdoedd pell. Ac mewn cilfach yn y trydydd mur, ffenestr fach arall i weld y mynyddoedd, a hwyrach, ar ambell fore, wedi ymaflyd codwm drwy'r nos â mi fy hun, weld y wawr yn torri'n deilchion ar eu dannedd.

Gyda'r neuadd lydan a'r meistri yn ei phanelau, a'r gegin wen, a'r llofftydd mwyth, a'r lawnt a'r mangoed, byddai gyfan y tŷ. A hapus finnau? Duw a ŵyr. Mae'n debyg y byddai wedyn ryw ddyheu plentynnaidd am foethyn arall, rhyw uchelgais lancaidd uwch ei chyflawni, neu atgno hiraeth am y blerwch bendigedig a fu. Ond byddai'r tŷ—petai gennyf fy mhedair mil—yn ddarn o argyhoeddiad ar y bryn, i godi cywilydd ar yr anheddau onglog, corniog, crac, sy'n britho'r byd lle 'rwy'n byw.

Cyn Mynd

Petai gennyf fis i fyw, a gwybod hynny, a'r mis yn eiddo crwn, cyfan, i mi fy hun, beth a wnawn i? Gallwn eistedd o'r golwg yn fy nghadair wrth y tân i ddihoeni, a gallwn fynd allan i'r priffyrdd a'r caeau i efengylu'n dân gwyllt. Ond nid yw'r naill na'r llall yn ffordd dda i baratoi ar gyfer y byd a ddaw.

'Rwy'n meddwl y treuliwn i'r mis i ffarwelio. Nid i ffarwelio â phobol. Peth dolurus yw hynny. Ond i ffarwelio â'r mannau sy wedi'u gwau i'm deunydd, ac i ymddatod oddi wrthynt, un ac un.

Mi awn i'm hen ysgol. Nid am fod fy nyddiau ynddi'n rhai hapus. Nid oeddynt. Ond am na allaf anghofio clec y gwynt yn ei ffenestri a ratlan ei drysau wrth gau. Mi edrychais mor amal ar y coed a'r ffriddoedd o'i blaen fel y mae perygl imi fynd â hwy gyda mi o'r byd oni allaf fynd yn ôl atynt a'u dryllio yn fy llygaid. Mae gwres y sedd o flaen y ffenestr dan fy nghlluniau, a'r coed yn crynu uwch y nant yn nhes Mehefin. Mae'r gwair yn uchel a minnau'n tuthio drwyddo ar fy mhedwar wrth gwt rhes o blant geirwon. 'Rwy'n bwyta 'nghinio yn yr iard a dim stumog gennyf, ac 'rwy'n ymladd â rhywun wrth y wal, ac mae colyn danadl poethion ar fy nghoesau pinc. Mae'n bwrw glaw ac yr ydym yn actio drama ynfyd yn y clôcrwm, pob un â'i ben yn ei jersi fel actio masg. Yr wyf yn dweud Gweddi'r Arglwydd yn feiddgar yn yr haul ac mae'r merched yn dweud ust. Mae'r gloch yn tincian . . . Rhaid imi fynd yn ôl a bydd popeth wedi newid. Bydd lluniau eraill ar y mur a lleisiau eraill yn yr iard, a bydd yr haul ugain mlynedd yn hŷn. Ffarwél, hen ysgol, a diolch na fûm i'n hapusach ynot.

Mi awn i Drofa Celyn. Yno y mae'r ffrwd yn siarad â hi ei hun o dan bren celyn mawr, a chwerthin plant wrth y siop bren ganllath i ffwrdd. Yno y mae'r gamfa lle mae'r llwybyr heibio i'r Gelli'n cychwyn. Heibio i'r Gelli. Tybed a fydd tarw Ty'n-y-Celyn ar y llwybyr pan af i yno am y tro olaf? Mi rwygais fy nhrywsus ar y drain wrth balfalu drwy'r gwrych o'i ffordd, er na wnaeth o ddim cymaint â chodi'i ben, ond fy mod i'n ofnus. Yr oedd briallu heibio i'r Gelli erstalwm, a mefus yn y clawdd, ac eirin duon bach yn y drain. Mi chwaraeais lawer gêm bêl-droed yno ar fy ffordd o'r ysgol, a minnau'n gapten, ac arwain fy nghriw gwaedlyd drwy wynia'r Arctig a thros y Sahara. A gorwedd yno wedyn gyda'r hogia i sôn am gariadon, a choed pîn dros yr afon fel Swistir fach. Mae mwyar duon bob Awst lle mae'r haul yn tynnu cysgodion o'r derw tal, ac nid yw'r ffrydiau byth yn sychu yn y siglen. Mi af yno eto pan na fydd gennyf ond mis i fyw, a rhaid imi beidio ag aros yn rhy hir.

Mi awn at bont Hafod-y-Garreg, i glywed y dŵr yn stwmblan dros y cerrig a gollwng carreg yn blwmp i'r llyn. Mae'r dŵr yn gynnes o dan y coed larts a glaswellt bach yn tyfu ar ddeufin y ffordd drol. Unwaith erioed y bûm i'n pysgota, a physgota ger pont Hafod-y-Garreg, a bachu un o'r brigau uwchben, a thorri 'nghalon. Mi fûm i yno'n trochi defaid amal dro, ac un o'r ffermwyr yn syrthio i'r dŵr at ei ganol ac yn gwenu yno'n braf, a minnau â phiti drosto. Mae'r defaid yn sboncio'n wlybion i fyny'r ffordd a'r cawodydd diferion oddi arnynt yn mynd yn lliwiau fel enfys yn yr haul, a'r cŵn yn wallgo. Yr wyf yno gyda chyfaill a chyda chariad a grwndi'r dŵr ymhell i ffwrdd.

Ac oddi yno i fyny'r llwybyr glas tua Chraig y Pandy. Nid oes neb yn cerdded hyd y llwybyr glas. Mae'r gwellt yn uchel arno a mwsog yn ei fôn a'r llidiart wedi suddo'n swrth i'r danadl dan y cyll. Croesi'r ffordd galed a chychwyn ar lwybyr glas arall, a chodi uwch y dyffryn a'i adael ar osgo islaw. Mae'r haul yn wincian ar y graig, a'r defaid yn cnoi cil yn yr hafnau. 'Rwyf innau ar y graig, a'r dyffryn fel map o danaf. Lorïau tegan yn malwodi hyd y ffordd droellog heibio i'r tai dol, a dynion bach du'n mynd i mewn ac allan o dan fargod y dafarn. Minnau'n tyfu ar y graig, yn ddeg gyda thorf o deulu, yn ddwy ar bymtheg gyda Chaucer ac awyrblan yn y glas uwchben, yn ddwy ar hugain gyda chyfaill dan y lleuad, yn bump ar hugain gyda'm dyweddi, a'r map yn aros yr un. Wedi imi fynd, bydd yma rywun arall, a'r map . . .

I fyny drwy'r rhedyn, yn gyrls bach swil ym Mehefin, yn fantell fraith yn Hydref, i fyny drwy'r eithin, at y Gamfa Wynt, a rhoi fy llaw ar y glwyd wrth y pren. Fy ngweld fy hun yn mynd drwyddi ganwaith a throi fy mhen i'r lle y mae'r haul yn disgyn fel oren i'r cyfrwy rhwng y ddau fynydd. Yno yn y gwynt, a'm bwrw yn erbyn y glwyd ac ymladd â hi i'w hagor, a choed y cwm yn gwyro fel gwarrau meirch dros y ffriddoedd. A'r ysgubau heb eu casglu byth.

Mi awn unwaith eto i hel llus ar lethrau'r Foel, o dan adfail y Towar. Mi flinaf fy nhraed fel y blinais hwy ganwaith gynt a godre fy nhrywsus yn ddulas wedi'r llwyni llus. Crwydro, bawb wysg ei drwyn, ar wasgar, a'r oriau'n mynd heb dorri gair, a chodi pen a gweld y lleill o

99

gyrraedd llais. Mynd ar fy neulin i yfed dŵr croyw Nant-y-dramws, agor y fasged fwyd a chael cinio yng nghysgod un o fytiau'r saethwrs a the ar lawnt Craig Williams o dan y coed. Milltiroedd ar filltiroedd o rug fel tir angof, a mudandod heb dorri arno ond gan grawc y grugieir yn y twmpathau. A chrwt bach coesnoeth yn ei ganol gyda thun chwarter llawn yn ei law a'i wefusau'n dduon, ac arno fy enw i.

Hwyrach fod fy nghalendr yn gam. Hwyrach mai'n olaf yr awn i'r llecynnau hyn, gan mai hwy a adnabûm i gyntaf. Mae'u gwreiddiau hwy'n braffach yn fy mod ac yn anos eu tynnu. Byddai'n well fy ninistrio fy hun bob yn ddarn ynddynt hwy yn yr oriau olaf cyn mynd. Mae lleoedd eraill nad ydynt cyn sicred ynof, ond ni feiddiwn eu gadael hwythau heb ddweud ffarwél.

Mae llecyn ym mro Eifionydd, ar y ffordd rhwng Llan-aelhaearn a Ffôr, a minnau'n cerdded ar hyd-ddo a hithau'n fis Mai. Dau ohonom, a'n mynwesau ifanc yn chwyddo gan wanwyn, a'n siarad yn feddw gan ehedydd a blodau'r eithin. Ni bu erioed flodau'r eithin fel y flwyddyn honno, yn fflam ar bob clawdd a'u haroglau fel aroglau cnau-coco yn yr awel ddistadlaf. Nid wy'n cofio pa beth oedd y sgwrs, ond mi gofiaf lased yr awyr a glased y môr yn y pellter a'r tân melyn ar bob perth. A throi o'r ffordd a bwrw i lwyn o goed uwch yr afon, a methu cerdded heb sathru clychau'r gog. Mi gofiaf feddwi ar gwpled Williams Parry wrth gerdded hyd y Lôn Goed:

> Cans daear, dŵr ac awyr
> Eifionydd yw fy hedd,

a gwylltio'n gacwn wrth rywun am fethu gweld ei gogoniant. Ond nid oedd ef wedi bod yn Eifionydd y diwrnod hwnnw. Mae'r darn ffordd rhwng Ffôr a Llanaelhaearn hefyd yn disgwyl amdanaf. Ac nid wyf yn siŵr na chusan-wn i'r tarmac gan mor gysegredig ydyw i mi.

Mi awn i weld Môn unwaith eto. Nid am fod llawer o harddwch yn ei milltiroedd gwastad, di-goed. Ond am fod rhyw henaint tawel ar ei herwau hi. Y beudai sy'n cysgu mor llonydd a'r glesni o ben Mynydd Eilian ar ddydd o haf. Byddai'n rhaid imi fynd mewn trên dros Bont y Borth rhwng y pedwar llew tew, a newid a mynd mewn cerbyd bach bregus hyd y ffordd i Langefni. Ond mae harddwch hefyd ym Môn. Mae harddwch yn y Ben-llech, ac am a wn i nad yw'r garafán yno o hyd lle y buom ni'n ffrio pysgod ffres o'r bae gyda thatws newydd a phŷs, a chysgu'n drwm yn aroglau'r heli gyda'r haul yn ysfa yn ein crwyn. Mae harddwch ar y ffordd o'r Borth i Fiwmares, rhwng y coed a'r muriau Sbaenaidd, a myn-yddoedd Arfon ar eu pennau ym Menai las. Mi awn eto i Fôn. Ac ni wnawn ond galw eto wrth fedd Branwen a thynnu fy het yn y machlud a symud yn ddistaw, rhag digwydd ei thynged i minnau cyn gorffen fy nhaith ffarwél.

Mi awn eto i Soar. O bob Soar sy'n sefyll yn llwyd ei furiau yn hafnau Cymru, nid oes ond un Soar i mi. Nid yw fy nhaid yng nghornel y sêt fawr heddiw gyda'i farf wen a'i gap melfed du, ond mae'r un hen wich yn yr organ a'r un aroglau paent ar y sedd dan fy nhrwyn yn y weddi. Maen' nhw'n dal i ganu yn Soar a'r drysau'n agored ar nos o Fehefin, a'r gwenoliaid yn trydar yn y bondo. Minnau'n canu alto'n grwt gyda'r merched ac yn morio yn y la-ti-do ar ddiwedd "Capel Tygwydd". Yr wyf yn d

weld Mynydd yr Olewydd yn y coed drwy'r ffenestr a'r
Iesu'n dysgu'i ddisgyblion wrth y ffens yn y llwyn. Mae'r
Apostol Paul gerbron Ffelics yn y sêt fawr a Phalesteina'n
llond y capel. Mae pregethwr y pnawn yn hir a'r cloc
wedi blino gormod i symud ei fysedd. Mae'r gynulleidfa'n
codi i ganu a minnau, a'm llais yn torri, yn canu tenor
wythawd yn rhy isel ac yn meddwl am y row yn yr ysgol
drannoeth am fethu gorffen y maths. Soar. Byddai'n
drueni imi droi wrth y drws a methu mynd i mewn rhag
torri'r lluniau sanctaidd ym mhyrth fy nghof. Ond
hwyrach mai troi a wnawn. Gallwn fynd â Soar gyda mi,
beth bynnag sy dros y goror yn y byd a ddaw. Soar yw fy
nhystysgrif fod i mi, pa mor gymhleth bynnag wyf heddiw
ac anodd fy nhrin, garu 'Ngwaredwr yn annwyl pan
oeddwn i'n ddim-o-beth rhwng ei furiau ef.

Mi awn i'r mannau hyn, hwyrach, yn sych fy llygad, os
bydd byw wedi mynd yn faich. Ond rhyw siarad ar fy
nghyfer yw dweud hynyna. Pan ddaw'r dydd imi groesi'r
gamfa wrth Drofa Celyn a thynnu mwyar am y tro olaf ar
lwybr y Gelli, gollwng y garreg yn blwmp i'r dŵr oddi ar
y Bont a sefyll â'm gwallt yn y gwynt ar Graig y Pandy, ni
bydd lleithach rhosyn wedi cawod na'm llygad i. Rhyw
feddwl yr wyf eu bod yn ddyfnach ynof nag a wn, ac mai
creulon fyddai'r dynged a roddai imi fis o rybudd cyn
mynd.